MAITRE MICHEL

LE NOBLETZ

RENNES. — IMPRIMERIE T. HAUVESPRE.

MAITRE MICHEL

LE NOBLETZ

PAR

M. Éd. PERDRIGEON DU VERNIER

Avocat,

Auteur de la *VIE DU P. MAUNOIR*

> Celui qui aime le monde n'a point l'amour de Dieu en soi.
>
> (S. JEAN).

RENNES

T. HAUVESPRE, LIBRAIRE-ÉDITEUR

rue Impériale, 4, et rue de Viarmes, 15.

1870

APPROBATION

Le pieux Auteur de l'intéressante *Vie du P. Maunoir*, en faisant paraître la *Vie de M. Le Nobletz*, offre aux fidèles, avec le même charme d'intérêt, un nouveau sujet de grande édification. Nous ne saurions trop en recommander la lecture à nos chers diocésains.

† G., *Archevêque de Rennes.*

Nous déclarons, pour nous conformer aux décrets d'Urbain VIII, concernant la canonisation des Saints et la béatification des Bienheureux, que nous ne prétendons donner à aucun des faits ou des mots contenus dans cet ouvrage, plus d'autorité que ne lui en donne ou en donnera l'Eglise catholique, à laquelle nous nous faisons gloire d'être humblement et tendrement soumis.

L'année dernière, nous avons publié une nouvelle *Vie du P. Maunoir*, cet admirable Apôtre de la Bretagne au XVIIe siècle. Nous pensions qu'il était opportun de remettre en lumière ce grand et saint personnage au moment où le Saint-Siége s'occupe de le béatifier.

La même raison nous engageait à écrire la *Vie de Dom Michel Le Nobletz*, le précurseur du P. Maunoir dans la grande œuvre de la régénération de la Basse-Bretagne par les missions. Nous nous sommes décidé à entreprendre ce travail le jour où Mgr l'Archevêque de Rennes daigna nous presser de le faire, en même temps que Mgr l'Evêque de Quimper et Léon avait la bonté de nous écrire, dans sa gracieuse lettre d'approbation de notre *Vie du P. Maunoir* : « Vous avez si bien réussi pour le P. Maunoir, qu'on vous demandera d'en faire autant pour Dom Michel Le Nobletz. »

Dom Michel Le Nobletz est à nos yeux un saint et même un grand saint. Du reste, nous laissons le lecteur juger par lui-même cette vie prodigieuse. Nous attendons avec confiance l'issue du procès de béatification qui est entamé à Rome, bien persuadé que *la voix infaillible du Vicaire de Jésus-Christ* élèvera sur nos autels notre grand missionnaire.

Nous avons, dans notre humble travail, suivi le plus qu'il nous a été possible l'ouvrage du R. P. Verjus, de la Compagnie de Jésus. N'ayant aucune espèce de prétention littéraire, nous avons bien souvent cité textuellement (avec quelques légers changements cependant) ce pieux et naïf auteur. Si, comme nous l'espérons, les âmes trouvent ces pages intéressantes et édifiantes, c'est au P. Verjus qu'en reviendra tout le mérite.

MAITRE MICHEL

LE NOBLETZ

I

Naissance, enfance et première éducation de Michel Le Nobletz.

Vers la fin du XVIe siècle, le château de Kerodern, situé dans la paroisse de Plouguerneau, au diocèse de Léon (actuellement de Quimper), était habité par une noble et chrétienne famille. Hervé Le Nobletz de Kerodern, et sa femme Françoise de Lesguern, de l'illustre famille des Coatmanach, ne brillaient pas moins par leur piété que par leur charité. M. de Kerodern « quoique un peu trop porté au gain », faisait des aumônes abondantes et ne négligeait aucune dépense pour donner à ses nombreux enfants une excellente éducation ; car bien qu'il eût cinq fils et six filles, il donnait pour l'éducation de chacun d'eux cent écus par an, somme considérable à cette époque, surtout quand il s'agissait de cadets, peu favorisés par la coutume du pays.

Michel, le quatrième des fils de M. Le Nobletz de Kerodern (celui dont nous écrivons la vie, d'après le R. P. Verjus, de la Société de Jésus), Michel vint au monde le 29 septembre 1577. Toute sa vie, Michel remercia Dieu de l'avoir fait naître à la vie de la nature et à celle de la grâce, un jour consacré au glorieux et puissant protecteur de l'Église, dont on lui donna le nom. Une autre faveur bien précieuse, dont il rendit sans cesse grâce à Dieu, ce fut d'avoir été confié à une nourrice pleine de foi et de piété. Chaque jour, cette bonne paysanne, élevant vers le ciel le petit Michel, faisait à Dieu cette touchante prière : « Mon Dieu, je vous offre et vous consacre ce cher enfant que vous avez créé pour votre gloire. Prévenez-le de vos grâces les plus abondantes pour qu'il devienne l'un de vos plus fidèles serviteurs. »

Cette prière si chrétienne fut exaucée. Aussitôt qu'il n'eut plus besoin de sa nourrice, Michel revint au château, et dès lors il édifia tout le monde par une piété tout-à-fait au-dessus de son âge. Il était déjà prévenu de grâces extraordinaires qui lui faisaient tenir une conduite qu'on ne pourrait, du reste, offrir pour modèle aux enfants ordinaires, car l'obéissance est la première des vertus de l'enfance. Ainsi dès l'âge de quatre ans, il s'échappait sans cesse, et se rendait solitairement à une église située non loin de Kerodern, mais de l'autre côté de l'étang qui baignait les pieds du château. Là, le petit Michel passait de longues heures à genoux, priant avec la ferveur d'un ange. M. et Mme de Kerodern, inquiets des absences de l'enfant et craignant qu'il ne se noyât en côtoyant l'étang, lui défendirent de s'éloigner ainsi tout seul ; ils finirent même par le punir pour vaincre son obstination. Mais l'enfant, toujours si doux et si obéissant pour toute autre chose, continua ses pèlerinages solitaires. A chaque réprimande il répondait avec simplicité et assurance : « Ne craignez rien. Je viens de la maison de Dieu notre Père ; et je ne m'y rends pas seul. Chaque fois une dame d'une merveilleuse beauté me conduit par la main, et puis elle m'apprend à prier le bon Dieu. »

Peu convaincue de la réalité de cette apparition miraculeuse, Mme de Kerodern renouvela sa défense, et, pour plus de sûreté, enferma l'enfant sous clef et garda soigneusement cette clef. Mais quel ne fut pas son étonnement quand elle trouva, bientôt après, Michel, à genoux dans la même église, priant avec un visage enflammé de l'amour divin !

Interrogé sur la personne qui avait pu le faire sortir de sa prison, l'enfant répondit avec la même candeur : « C'est cette dame si admirablement belle dont je vous ai déjà parlé. Elle m'a ouvert la porte et conduit ici par la main. Oh ! si vous pouviez entendre tout ce qu'elle me dit sur le respect et l'amour avec lesquels il faut prier le bon Dieu ! »

— « Mais, lui dit sa mère, quelle est donc cette belle dame ? d'où vient-elle ? où s'est-elle retirée ? » L'enfant ne put donner aucune réponse à ces questions.

La sainte Vierge combla Michel, pendant toute sa vie, de tant de faveurs merveilleuses, que nous croirions facilement que cette Mère de bonté se communiquait dès lors à l'âme innocente de cet enfant de bénédiction. Ce qui le prouverait c'est l'étonnante modestie que fit paraître le petit Michel chez son grand-père maternel. M. de Lesguern voulut avoir près de lui son petit-fils, alors âgé de sept ans, et le faire instruire avec quelques-uns de ses autres petits-enfants, par un vertueux ecclésiastique, qui demeurait avec lui au château de Lesguern. La retenue et la modestie de Michel à l'égard de ses petites cousines étaient si grandes, que jamais il n'entrait dans leur chambre, et même ne leur parlait qu'à la table de leur grand-père.

M. de Lesguern étant mort, M. de Kerodern fit revenir chez lui le petit Michel, et lui donna un précepteur. Mais il ne tarda pas à s'apercevoir que trop souvent la surveillance des parents est impuissante à préserver leurs enfants de la contagion des défauts ou des vices qui se trouvent dans bien des domestiques.

Rien n'est puissant sur l'âme des enfants comme le bon ou le mauvais exemple. Aussi les parents vraiment chrétiens choisissent-ils avec un soin sévère et jaloux les établissements connus pour donner une éducation profondément religieuse. Laissons à ce sujet la parole à Mgr de Ségur. Il écrit dans sa brochure si remarquable et si pleine d'actualité, *La Liberté:* « Faut-il s'étonner que, consulté récemment sur la conduite à tenir vis-à-vis des parents qui mettent de gaîté de cœur leurs enfants dans les colléges où la piété et l'instruction religieuse sont si négligées, le Saint-Siége ait répondu à plusieurs évêques que ces parents manquaient essentiellement à leur devoir, commettaient un péché grave, et ne pouvaient être admis aux sacrements, s'ils ne s'engageaient à faire élever chrétiennement leurs enfants. L'impossibilité seule excuse un père et une mère d'exposer l'âme de leur enfant à un pareil danger de corruption intellectuelle et morale. »

Michel Le Nobletz a souvent depuis remercié Dieu d'avoir donné ces sentiments à son père, et de l'avoir envoyé à une école publique dirigée par deux ecclésiastiques pleins de piété et de talent pour l'éducation.

Michel profita grandement des leçons et des exemples de ces deux excellents maîtres ; et lui-même les édifia beaucoup par son application parfaite, et surtout par une sagesse bien extraordinaire dans un enfant de dix ans.

Dieu permit ensuite, pour l'édification de la paroisse de Ploudaniel, que Michel y fût envoyé étudier sous la direction d'un professeur habile, et qu'il passât six années au milieu de cette population livrée à une ignorance et une grossièreté désolantes. Ce fut alors qu'il plut à Dieu de répandre sur cette âme innocente les douceurs et les grâces sensibles, au moyen desquelles il attire ordinairement ceux qui commencent à le servir de tout leur cœur. Il nageait dans une joie continuelle, et rien de ce qui regardait la gloire de son bon Maître ne lui semblait amer ni difficile.

Entre autres faveurs extraordinaires, que Notre-Seigneur ne fait qu'à ceux de ses plus fidèles serviteurs destinés à de grandes choses, il reçut, à l'âge de quatorze ans, une grâce qui lui causa une surprise et une joie absolument inexprimables, comme il l'avoua depuis à une personne de grande vertu. La sainte et adorable humanité du Fils de Dieu se montra à son innocent serviteur, dans l'éclat de cette beauté majestueuse qui ravit les bienheureux. La Sagesse éternelle imprima alors à cette âme si bien préparée la connaissance et l'amour des vertus chrétiennes, surtout de celle qui a brillé dans Michel d'un éclat si surprenant et a fait son caractère particulier, le mépris du monde et de tout ce qui n'est pas Dieu. Il prit dès lors pour maxime et pour règle de conduite cet axiôme de l'Évangile, que pour aimer et imiter le Verbe incarné, il faut haïr le monde, rechercher ce qu'il abhorre, et abhorrer ce qu'il recherche.

Ce mépris de toutes les choses périssables fut accompagné d'un grand désir de souffrir pour Celui qui est uniquement digne d'amour, et de le faire connaître et aimer de toutes ses créatures. Ce désir de souffrir pour Jésus crucifié la crainte des attaques que dirige le démon de l'impureté contre notre chair corrompue, portèrent Michel aux pratiques de la plus austère pénitence. Il coucha sur la dure, et assujétit son corps à l'âme, en lui refusant les satisfactions les plus innocentes et lui imposant de très-rudes mortifications.

Un jour il était allé seul dans un bois pour s'entretenir avec Dieu. Le démon de l'impureté voulut le porter au mal. Mais aussitôt l'héroïque enfant, se souvenant des nobles exemples que nous ont laissés les saints, se roula sur les ronces et les épines, heureux d'acheter une si belle victoire par la perte de son sang, qu'il offrit à Notre-Seigneur et à sa très-pure Mère. Dans une seconde tentation du même genre, il demeura pendant trois heures couché dans la neige ; quand il se releva, son corps était à demi-mort de froid, mais son cœur n'avait cessé de brûler des flammes de l'amour de Dieu.

Comme il arrive toujours aux âmes généreuses qui se sont vaincues dans les choses les plus difficiles avec un courage magnanime, Dieu récompensa Michel par des grâces nombreuses, beaucoup de facilité à remporter d'autres victoires, et par le don d'une pureté-angélique.

Enflammé de zèle pour les âmes rachetées du sang de Notre-Seigneur, il commença à s'essayer aux fonctions apostoliques. Il instruisait et catéchisait avec une patience étonnante les paysans de Ploudaniel, dans le cimetière au sortir de l'Eglise et partout où il les trouvait rassemblés. Mais il ne recevait guère d'autres récompenses de sa charité que des railleries, des injures, des menaces et quelquefois même des coups et des mauvais traitements. On lit même dans son journal que la Providence de Dieu le délivra de sept dangers manifestes de mort aûxquels, selon toute apparence, il ne devait pas échapper. Ajoutons que le saint enfant souffrait tout avec joie, à l'imitation des Apôtres.

II

Grands dangers pour son salut au milieu des étudiants de Bordeaux.

M. de Kerodern envoya Michel avec ses frères étudier à Bordeaux, la Bretagne n'ayant point encore de collége en réputation. Michel manqua deux fois de perdre la vie pendant la traversée. Mais à Bordeaux son âme courut encore de plus grands dangers ; car les mauvaises compagnies qu'il eut occasion de voir furent sur le point de lui faire perdre toutes les dispositions à la véritable sainteté dont Dieu l'avait prévenu.

Tous les étudiants bretons qui se trouvaient à Bordeaux poussaient l'amour de leur pays et l'esprit de corps à un point si extrême, que toutes les querelles de chacun d'eux étaient épousées par tous les autres. Ils étaient organisés sous le commandement de l'un d'eux, choisi à l'élection parmi les plus braves. Leur *Prieur*, ainsi qu'ils l'appelaient, convoquait ses compatriotes dans toutes les occasions où l'honneur du pays lui semblait engagé, et tous lui prêtaient main forte. Le frère aîné de Michel ayant été chargé de ce malheureux office, dont, au reste, il était très-fier, Michel se crut obligé d'apprendre à faire des armes, pour pouvoir le soutenir au besoin. Il se rendit en peu de temps si habile dans l'escrime, que son adresse et son courage le firent élire *Prieur* des Bretons, après son frère.

Dans quel danger extrême ne se trouvait pas son salut ! Par suite de sa coupable acceptation de la charge de *Prieur* des Bretons, il se trouvait obligé de fréquenter continuellement tous ses compatriotes, dont la plupart s'adonnaient beaucoup moins à l'étude qu'au jeu et à la débauche. Il lui fallait épouser toutes leurs querelles, quelque injustes et honteuses qu'en pussent être les causes, et exposer sans cesse sa vie, l'épée à la main, malgré les excommunications portées par l'Eglise contre les duellistes. Voilà donc l'état déplorable où était tombée cette âme comblée de faveurs si extraordinaires!

La sainte Vierge eut encore pitié de Michel dans ce danger manifeste de son salut. Un jour, une querelle s'étant élevée entre plusieurs étudiants en droit et le frère aîné de Michel, on mit flamberge au vent, et une lutte acharnée commença. Michel, avec son impétuosité ordinaire, augmentée par la vue du pressant danger que courait la vie de son frère, Michel se précipita sur un des combattants qui pressait vivement son frère. Mais, ô prodige ! Au moment où son épée allait s'enfoncer dans la poitrine de son adversaire, une main invisible retint son bras, et l'empêcha de commettre cet homicide.

Il apprit bientôt, à n'en pas douter, que c'était la sainte Vierge qui l'avait encore secouru dans ce pressant danger.

Cette tendre Mère ne s'en tint pas là. Elle délivra son protégé du danger sans cesse renaissant qu'il courait au milieu de ses compatriotes mondains et débauchés. Elle lui fit entendre intérieurement, de la manière la plus distincte, ces paroles, qui changèrent totalement son cœur : « Reviens à Dieu, prends l'engagement de suivre mon divin Fils par le chemin de l'humilité, de la simplicité, de la pauvreté et du mépris du monde. »

Michel tomba aussitôt à genoux avec une entière soumission, et il s'écria en se frappant la poitrine et en versant un torrent de larmes : « O ma bonne et tendre Mère, pardon, pardon de mes crimes! Est-ce ainsi que je devais reconnaître les faveurs sans nombre dont vous m'avez comblé? C'en est fait. Je suis désormais tout à vous. Je serai, avec votre secours, votre enfant le plus obéissant. Je vous choisis pour mon unique et perpétuelle Mère et Maîtresse! »

Il jeta alors, et pour toujours, son épée loin de lui, en s'écriant : « Je jure, ma bonne Mère, de ne combattre plus jamais que sous les étendards et sous la conduite de votre divin Fils. Je veux partager sa pauvreté, ses souffrances et ses opprobres.»

A la suite de cette héroïque résolution, Michel sentit son cœur rempli d'une sainte ardeur ; et son esprit, inondé des lumières divines, vit clairement les dangers qu'il ne pouvait éviter en fréquentant ceux qui suivent les maximes pernicieuses du monde.

Où fuir pour mettre son salut en sûreté? que faire pour mettre son éternité à l'abri des flammes vengeresses de l'enfer? A Bordeaux il manquait de moyens de s'instruire dans la religion et de direction pour la vie spirituelle. Si les études étaient fortes au collége de cette ville, on y employait bien mal son temps, et on ne profitait guère de la science des professeurs... Au milieu de ces irrésolutions et de ces ténèbres, Michel implorait avec des gémissements continuels la lumière de l'Esprit divin, par l'intercession de la sainte Vierge.

Il ne tarda pas à être exaucé. La Providence lui fit rencontrer une personne de laquelle il apprit qu'il y avait à Agen un collége de Jésuites. Avec quelle joie et quelle avidité Michel ne recueillit-il pas tous les détails qu'on lui donna sur le talent incomparable avec lequel ces saints religieux formaient la jeunesse à la piété en même temps qu'à la science. Il ne douta pas que ce ne fût là le port du salut où Dieu voulait qu'il se retirât, et partit pour Agen avec ses frères, au mois d'octobre 1597.

III

Parfaite conversion de Michel Le Nobletz au collége des Pères Jésuites d'Agen. Son zèle apostolique auprès de ses condisciples.

Michel ne fut point trompé dans ses espérances. Il s'adonna, sous la direction intelligente et paternelle des Pères de la Société de Jésus, à l'étude et à la piété tout à la fois, mais avec une si grande satisfaction, qu'il répétait souvent dans la suite que ce temps-là avait été son *âge d'or*. Doué d'une intelligence remarquable, Michel étudia avec tant d'application, qu'il acquit une instruction d'une solidité et d'une étendue vraiment étonnantes. Pour ne pas être trop long, disons seulement qu'il possédait si parfaitement les langues latine et grecque, qu'il composa en grec un long poème très-bien imaginé et versifié.

Mais il travaillait avec bien plus d'ardeur encore à faire croître dans son âme les vertus et la piété. Le souvenir habituel de ses péchés, la crainte des jugements de Dieu, les instructions et les exhortations de ses zélés professeurs augmentèrent de jour en jour la ferveur du jeune étudiant. Il demanda bientôt son entrée dans la Congrégation de la sainte Vierge, association établie dans tous les colléges des Pères Jésuites, et qui contribue si puissamment à conserver l'innocence parmi les élèves, et à les faire avancer dans la piété. Michel, par un esprit d'humilité, demanda et obtint la fonction de portier dans la Congrégation, et il l'exerça pendant deux ans en édifiant tellement ses condisciples qu'il s'acquit l'admiration et le respect général.

Depuis sa conversion, Dieu avait conduit Michel par l'esprit de crainte. Mais à la fin de sa philosophie (il avait alors vingt-trois ans), la grâce divine changea ses dispositions ; il s'éleva de la crainte servile aux sentiments du pur amour des enfants de Dieu. Il reçut en même temps cette affection passionnée qu'il montra toujours depuis pour les pauvres, dans lesquels sa foi vive lui faisait voir Notre-Seigneur lui-même.

Ce fut alors que Dieu lui fit connaître une partie des desseins qu'il avait sur lui et le remplit d'une parfaite confiance en sa miséricorde paternelle, de sorte qu'il se sentit en un moment délivré d'une infinité de scrupules, d'inquiétudes, de misères intérieures et de faiblesses, et commença à goûter les douceurs de la liberté des enfants de Dieu, d'une manière qu'il n'avait jamais encore éprouvée.

Son humble reconnaissance pour des faveurs si extraordinaires lui donna les plus ardents désirs d'y répondre fidèlement. Résolu d'éloigner de son cœur tout ce qui pourrait faire obstacle à la grâce, et à l'union entière de son esprit avec son Créateur, Michel crut que le moyen le plus sûr était de s'attacher avec une nouvelle ardeur à cette grande maxime du mépris du monde que le Sauveur lui avait inculquée autrefois. Le 30 septembre 1598, jour dédié à saint Jérôme, il s'engagea par une promesse particulière à faire toute sa vie cette profession du mépris du monde; il célébra chaque année jusqu'à sa mort, avec une grande joie, l'anniversaire de ce vœu, et il prit saint Jérôme pour son protecteur spécial.

Pour n'être point troublé dans l'exécution de ces saintes résolutions, il alla loger dans un quartier écarté de la ville, chez un homme d'une piété et d'une charité exemplaires. Il avait là une chambrette solitaire, où se passait sa vie d'oraison, de pénitence et d'étude. Il ne voyait ses frères et ses camarades que de temps en temps. Il leur parlait toujours avec amabilité; mais il ne leur disait qu'autant de paroles qu'il en fallait pour conserver avec eux le lien de la charité. Ainsi il n'avait de rapports qu'avec le directeur chargé de sa conscience, avec ses professeurs, avec les pauvres qu'il consolait et instruisait, enfin avec quelques étudiants qu'il voyait pleins de dispositions pour la piété, ou qu'il espérait attirer au service de Dieu.

Avec un zèle sans bornes, il se privait des choses les plus nécessaires, même de viande et de vin, pour faire des économies sur sa pension, et pouvoir aider les plus pauvres étudiants, dans le but d'arriver à donner à leurs âmes des secours infiniment plus précieux. Nouveau saint Ignace, il profitait de son influence sur ses obligés pour les amener peu à peu par de douces exhortations à se donner tout à Dieu. La bénédiction divine accompagnant son apostolat, il réussit à dégoûter du monde plusieurs jeunes gens plus riches des dons de l'intelligence que de ceux de la fortune; ils entrèrent dans de saintes maisons religieuses et y rendirent de grands services à l'Église.

Quoique, à l'exemple du Sauveur, il s'attachât de préférence à faire du bien à ses camarades pauvres, il ne négligeait pas d'essayer d'attirer à Dieu les étudiants d'une position plus distinguée. Ainsi il gagna entre autres un gentilhomme de Tréguier, Pierre Quintin de Limbau.

Ce jeune homme avait d'abord étudié à Paris. Mais, à l'âge de vingt ans, il fut obligé de revenir en Bretagne veiller à la sûreté de sa mère qui était veuve, et de ses frères qui étaient encore tout jeunes, lorsque la guerre civile, fruit naturel du protestantisme, s'étendit jusque dans la catholique Armorique. Pour mieux se mettre en état de protéger sa famille, Pierre Quintin accepta la place de lieutenant dans la compagnie des gens d'armes de M. de Coatnizan, et il se comporta dans cette charge avec tant d'équité et de prudente fermeté, qu'on ne vit jamais aucun des soldats sous ses ordres commettre un acte de violence ni faire aucun tort aux particuliers.

Il y avait déjà quelques années que cet officier modèle servait le parti de la Ligue, la guerre civile touchait heureusement à son terme; Pierre Quintin tenait garnison à Morlaix avec sa compagnie et plusieurs autres corps de troupes. Un jour, comme il jouait aux cartes, il fut ému des cris pitoyables d'un pauvre homme qui se plaignait que des soldats lui avaient enlevé le peu qu'il possédait. Le généreux officier sortit aussitôt, s'enquit du sujet du désespoir de ce pauvre homme, et, ne pouvant lui faire rendre ce qu'on lui avait dérobé, il lui donna sans balancer une somme assez importante qu'il venait de gagner au jeu.

Cette action généreuse fut bientôt récompensée de Dieu. Le lendemain matin, à son réveil, Pierre Quintin crut entendre les mêmes paroles dont Notre-Seigneur se servit autrefois pour convertir saint Augustin: *Prends et lis!* Il ne trouva à sa portée que les Confessions du même saint Augustin, ce livre admirable qui a ramené tant d'âmes à Dieu. Pierre Quintin prit un tel goût pour cette lecture qu'il n'en fit pas d'autres pendant tout le carême. Heureux vaincu de la grâce divine, il changea complètement de vie, et abandonnant l'état militaire, d'après l'inspiration du Ciel, il reprit à Paris ses études, changeant avec joie la vie agitée et licencieuse des camps pour le travail, le recueillement et la vie intérieure.

Après avoir achevé ses études littéraires à Paris, il vint étudier en philosophie à Agen ; il était agé alors de plus de trente ans. Ce fut à Agen qu'il se lia d'une étroite amitié avec Michel Le Nobletz, qu'il appela toujours depuis son père et son maître, quoiqu'il fût beaucoup plus âgé que Michel. Mais ce fut des exemples et des exhortations de celui-ci que se servit la Providence pour élever Pierre Quintin au plus généreux amour de Dieu, et à un si héroïque détachement des biens de la fortune et des satisfactions corporelles, qu'on vit ce courageux chrétien renoncer absolument et pour toujours à l'usage du vin, et distribuer aux pauvres, dans une disette, toute sa fortune, sans se rien réserver pour le lendemain, pas même ses meubles et ses livres, de sorte qu'il ne se servit plus que de ceux de Michel Le Nobletz. Il se vit obligé, pour pouvoir vivre et continuer ses études, de donner des leçons à quelques enfants. Il le faisait avec joie et charité, et trouvait encore le moyen de parcourir, avec Michel Le Nobletz, les villages voisins, pour catéchiser, les dimanches et fêtes, les pauvres paysans, afin de conserver en eux la foi, que tant d'hérétiques tâchaient alors de leur faire perdre.

IV

Courage de Michel pour vaincre la crainte du mépris du monde. Grandes faveurs que lui accorde la sainte Vierge. Il reconnaît que Dieu le destine au sacerdoce.

Le chrétien fervent qui a pris la résolution énergique de mourir à la nature corrompue pour ne vivre que pour Dieu, doit commencer le combat spirituel en s'attaquant à son défaut dominant, qui est comme la racine de tous les autres. Loin d'imiter ces chrétiens sans courage, qui craignent de descendre dans l'étude de leurs penchants, de peur de reconnaître et d'être obligés d'attaquer corps à corps leur défaut dominant, Michel Le Nobletz, guidé par un directeur éclairé, reconnut que l'attache vicieuse principale qu'il fallait d'abord anéantir en lui-même, c'était l'amour-propre, la crainte du mépris. Sans balancer un instant, il demanda à Dieu avec beaucoup d'ardeur de lui envoyer les opprobres et les affronts qui lui seraient les plus sensibles.

Un chrétien ordinaire devrait en pareil cas se contenter de demander l'amour des mépris ; il y a de la présomption dans la demande d'épreuves très-lourdes, probablement trop lourdes pour nos faibles forces. Mais les saints, ces géants si au-dessus du commun des hommes, sont inspirés du Saint-Esprit à gravir des hauteurs peu accessibles à notre lâcheté.

Michel fut bientôt exaucé dans la demande qu'il avait adressée à Dieu. La Providence permit que la calomnie s'attaquât à sa réputation avec une fureur qui dépassa son attente. Les injustes accusations qui s'élevèrent de toutes parts contre sa pureté de mœurs le touchèrent au vif. Il eut besoin de tout son esprit de foi et de prières assidues pour ne pas céder aux ressentiments violents qui bouillonnaient dans son cœur. Avec la grâce de Dieu, il fut enfin vainqueur de cette tempête.

Il était un soir prosterné près de son lit, offrant à Dieu avec beaucoup de douceur, de confiance et de simplicité, la croix qu'il plaisait à sa bonté divine de lui faire porter. Il s'adressa ensuite amoureusement à la Mère de miséricorde, et lui représenta avec beaucoup de larmes son innocence et la confiance qu'il avait toujours eue en sa protection maternelle. La sainte Vierge, touchée des soupirs de son fidèle serviteur, lui fit entendre ces paroles consolantes : « Mon enfant chéri, demeurez en paix ; mon divin Fils voit vos combats, et je vous soutiens comme la Mère la plus tendre. »

La sainte Vierge visita encore une seconde fois son dévot serviteur. L'humble Michel tint secrètes ces étonnantes faveurs pendant toute sa vie. Mais sur son lit de mort, agenouillé devant son Rédempteur, qu'il allait recevoir en viatique, il dit aux personnes présentes : « Je me sens obligé de découvrir une grâce qu'il plut à Dieu de m'accorder dans sa miséricorde infinie, lorsque je faisais mes études à Agen. La sainte Vierge, ma bonne Maîtresse, dont j'ai toujours éprouvé la protection toute particulière, eut la bonté de me visiter deux fois dans une grande épreuve. Elle me consola dans sa première visite. Elle m'apparut une seconde fois comme je la priais avec ferveur et me donna trois belles couronnes en me disant : « J'ai obtenu de mon Fils ces trois couronnes pour vous. La première est celle de la virginité, que vous garderez inviolablement jusqu'à la mort. Quand il s'agira de la gloire de Dieu et du salut de votre prochain, ne craignez point de converser avec toute sorte de personnes; et ayez toujours confiance en la bonté et en la puissance de mon Fils, qui vous conservera cette couronne, sans que jamais vous sentiez aucune attaque de l'ennemi qui puisse vous en faire craindre la perte. »

« Dieu a été fidèle dans sa promesse, ajouta le saint moribond; avec l'aide de sa grâce, je ne sache pas avoir jamais commis aucun péché contre la vertu de pureté. J'atteste cette vérité devant mon Créateur, en mettant la main sur l'adorable sacrement de l'autel; ce que je fais, afin que vous remerciiez pour moi de cette grâce Celui qui me l'a accordée, non pas en ma considération, puisque je ne la méritais nullement, mais pour la gloire de son saint Nom, pour le bien des personnes que j'ai tâché de porter à la vertu, et afin qu'après ma mort, vous fassiez plus d'état de la doctrine que je vous ai prêchée par son ordre. »

« La seconde couronne que je vous donne, me dit ensuite la sainte Vierge, est celle de docteur et de maître de la vie spirituelle, que mon Fils a prêchée sur la terre, et qu'il veut apprendre à un grand nombre de personnes par votre moyen.

« La troisième couronne que Jésus-Christ vous donne, est celle du mépris du monde, vertu dont vous ferez une profession particulière dans l'état ecclésiastique. Commencez dès maintenant à le bien mépriser dans l'occasion qui s'en présente, et ne vous mettez pas en peine du mal qu'on dit contre vous. On en reconnaîtra bientôt la fausseté par des marques certaines et infaillibles, qui fermeront entièrement la bouche à la calomnie. »

Notre-Seigneur combla encore l'âme de son courageux serviteur de plusieurs grâces singulières, entre autres du don de prophétie ; et ce don miraculeux augmenta sans cesse dans Michel Le Nobletz, pendant les cinquante-deux ans qu'il vécut encore depuis cette époque.

Une si grande abondance de lumières divines n'empêcha pas Michel d'être éprouvé par des incertitudes, relativement au genre de vie auquel la Providence l'appelait. Dieu permit ces irrésolutions pour lui faire acquérir l'expérience dont il aurait besoin pour guider les autres dans de pareilles épreuves.

Il demanda les lumières divines avec une grande ferveur, joignant à la prière plusieurs communions et des austérités particulières. Il prit alors la résolution de vivre dans le célibat ; mais il ne s'engagea pas par un vœu, car il attendait des lumières plus assurées sur sa vocation.

Après de nouvelles prières, il se sentit tout-à-coup appelé à l'état ecclésiastique, et fut absolument convaincu que c'était celui où Dieu le voulait. Mais devait-il choisir le sacerdoce séculier, ou bien entrer dans un ordre religieux? Il était encore dans l'obscurité sur ce point, aussi bien que sur le choix de l'ordre monastique qu'il faudrait choisir, s'il reconnaissait que Dieu l'appelait à la vie religieuse.

La lecture assidue qu'il avait faite de la vie de saint Ignace le poussait fortement à entrer dans la Société de Jésus; il y était en outre attiré puissamment par la vue de la vie si sainte et du zèle si fructueux des Pères qui prenaient soin de diriger sa conscience et ses études. (Remarquons, en passant, que les Jésuites ont toujours et partout mérité l'admiration et l'amour des saints et des chrétiens éminents, et la haine des impies et des révolutionnaires anti-chrétiens. Cette observation suffit pour éclairer une âme de bonne foi sur cet ordre si célèbre.)

La seule considération qui détournait Michel Le Nobletz de l'idée d'entrer dans la Compagnie de Jésus, c'était la pensée que sa santé n'était pas assez forte pour pouvoir résister aux fatigues du professorat et des autres emplois qu'il faut remplir dans cet Ordre. La même raison le détournait du désir d'entrer dans l'institut des Pères Capucins, pour la règle desquels il avait une grande estime et affection.

Cependant il arrivait à l'âge de pouvoir recevoir la prêtrise, et son ami Pierre Quintin avait déjà trente-huit ans. Mais Dieu leur fit connaître sa volonté de les voir imiter la vie de saint Ignace de Loyola. On sait que ce saint avait fait toutes ses études de théologie, et attendu la quarantième année de son âge, avant d'entrer dans le sacerdoce, état dont la grandeur et la dignité auraient de quoi effrayer les anges mêmes. Michel Le Nobletz et son ami résolurent donc de redoubler leur zèle et leurs exercices de piété, et d'étudier quatre ans en théologie, à Bordeaux, en attendant que Dieu leur fît connaître plus distinctement sa volonté sur l'état de vie qu'ils devaient embrasser.

Avant de partir pour Bordeaux, Michel satisfit l'ardent désir qu'il avait d'aller en pèlerinage à Toulouse vénérer les saintes reliques qu'on y voit en si grand nombre. Il éprouva dans ce voyage tant de douceurs spirituelles et de consolations sensibles, que toutes les joies du monde réunies ensemble n'en auraient pu approcher, ainsi qu'il l'écrivait dans son journal. Mais ces saintes délices ne lui firent point oublier les étudiants qu'il avait gagnés à la piété et au mépris du monde. Il leur écrivit de Toulouse une lettre pleine de sagesse et de force sur la nécessité d'unir la piété à la science, et sur le mépris du monde. « Les plus grandes mortifications, ajoutait-il, ne consistent pas à porter des habits méprisables et incommodes, à rechercher la solitude, à ne prendre qu'une pauvre nourriture, et à châtier son corps par des veilles, des jeûnes et des disciplines ; mais à bannir de son cœur l'esprit du monde, et à vivre suivant les maximes qui lui sont opposées; à fuir les conversations inutiles, en recherchant celles qui sont d'obligation ou de charité; à éviter tout ce qui pourrait nuire au service de Dieu; à accorder de certaines choses aux usages du monde avec discrétion, et à leur en refuser d'autres avec raison, sans crainte lâche, sans mauvaise honte, sans négligence coupable; à se mépriser soi-même; à avoir en horreur la gloire du monde et la vaine réputation; à se réjouir dans le mépris et l'ignominie, et enfin à ne perdre aucune occasion de surmonter ses passions et son amour-propre. C'est là la règle du Souverain Maître de la sagesse incarnée...»

V

Michel Le Nobletz étudie la théologie à Bordeaux. Ses grands progrès dans la science et la piété. Dieu le favorise d'un don de contemplation sublime. Il augmente ses austérités et ses œuvres de charité.

Michel Le Nobletz prit à Bordeaux, comme à Agen, une chambre solitaire, pour éviter les distractions et les pertes de temps. Il étudia quatre ans la théologie scolastique et la théologie morale sous d'excellents professeurs, tous de la Compagnie de Jésus; et le P. Gourdon, qui fut plus tard confesseur du roi Louis XIII, lui enseigna la controverse pendant trois ans.

Il ne se contentait pas de rédiger et d'étudier avec un soin infatigable tous les cours qu'il suivait, il remontait aux sources où puisaient ses maîtres. Il fit une étude toute particulière du grand saint Thomas. Il lisait en même temps les Conciles, et surtout il s'appliquait avec un soin si constant à l'étude de la Sainte-Ecriture qu'il savait, paraît-il, par cœur toute la Bible en grec. Aussi à la fin de ses études de théologie, il possédait une instruction si solide et si étendue, qu'un de ses professeurs disait qu'à ses yeux c'était l'homme le plus savant de la Bretagne.

Mais il fit encore de bien plus grands progrès dans la science des saints. Il s'adonna de plus en plus à la prière et à la méditation, et Dieu prenant plaisir à récompenser le soin et la fidélité qu'il apportait à l'oraison, l'éleva, par une communication admirable de ses lumières, à un degré de contemplation si sublime, que le saint jeune homme ne pouvait s'étonner assez de la bonté et de la magnificence divines. Jusque-là, ses méditations quotidiennes se faisaient selon la méthode ordinaire, (c'est-à-dire qu'il considérait une vérité de la religion, ou quelque action de la vie de Notre-Seigneur, puis s'entretenait cœur à cœur avec Dieu, le remerciant de ses bienfaits, déplorant ses manquements et demandant la grâce divine; enfin, il prenait une ferme résolution pratique relative à la vertu qu'il voulait acquérir). Dès lors, Dieu l'éleva à cette contemplation tranquille, où l'âme goûte les vérités éternelles, dans un repos d'esprit et une douceur inexplicables, le Saint-Esprit agissant seul sur son entendement et sa volonté, avec un empire absolu.

Ce don merveilleux de contemplation ne l'abandonnait pas même dans les écoles publiques, ni dans les rues et les places les plus fréquentées. Il jouissait de la présence de Dieu, comme s'il eût été dans la plus parfaite solitude. Il se sentait porté à produire les actes les plus purs et les plus relevés d'amour de Dieu, même en écrivant les leçons de ses professeurs. Aucun bruit ni tumulte extérieur ne l'empêchait de se sentir inondé des attraits de l'amour divin, au point qu'il en était comme enivré. Il éprouvait intérieurement la présence du Tout-Puissant avec plus de certitude, que tout ce qu'on connaît par l'usage de tous les sens extérieurs et par l'imagination; avec un amour, un respect, une joie, une paix et une confiance si parfaites, qu'il lui semblait jouir déjà du bonheur du ciel.

On comprend facilement que tant de faveurs extraordinaires rendirent Michel libre de toutes les inquiétudes que donnent la crainte des jugements de Dieu et le désir trop ardent de ses récompenses. Son cœur était pleinement satisfait de la possession de Celui qui fait les délices des Anges et des Saints, et il trouvait dans l'accomplissement de sa sainte volonté un royaume de justice et de paix. Bien loin de rien accorder à la vanité, à l'estime des hommes ou à ses propres inclinations, il devint ennemi de tous les plaisirs et de toutes les joies qui ne viennent pas uniquement de Dieu. Il conçut des désirs si ardents de souffrir beaucoup pour Jésus-Christ, qu'il mit dès lors tout son bonheur et toute sa gloire à endurer les douleurs et les ignominies de la croix ; et le feu céleste qui embrâsait son cœur était si grand, que son corps ayant part aux saints transports de son âme, il fut un jour obligé de se plonger dans l'eau froide, pour modérer ces ardeurs divines, que la faiblesse de la nature ne pouvait plus supporter.

Il cherchait toutes sortes de moyens de témoigner à Dieu sa reconnaissance pour tant de faveurs. Il le faisait par un zèle ardent pour les âmes rachetées de son sang, par une brûlante charité pour les pauvres, qui sont ses membres, et par une mortification, qui eût été excessive pour tout autre qu'un saint. Il se donnait tous les jours très-longtemps et très-rudement la discipline ; il ne prenait qu'autant de nourriture qu'il en fallait pour se soutenir ; il couchait sur la dure, et se privait des divertissements même les plus innocents, auxquels il était invité par les jeunes gens de son pays. Pour rendre son absence plus facile à supporter, il partageait les frais de ces parties de plaisir. Mais pendant ce temps-là, il employait une somme égale à donner à diner à quelques pauvres étudiants.

La Providence, qui ne reste jamais en arrière, permit que justement alors M. de Kerodern, enchanté des succès et de la charité de son fils, augmentât de beaucoup sa pension. Ajoutons que Dieu, prenant plaisir à la sainte prodigalité que lui-même inspirait à son saint serviteur à l'égard des pauvres, lui faisait quelquefois retrouver au fond de sa caisse vide des sommes considérables, notamment lorsque Michel avait épuisé toutes ses ressources pour retirer de prison des malheureux depuis longtemps détenus, faute de pouvoir payer leurs dettes.

Aux jours de congé et de fêtes dans les colléges, son bonheur était de porter ou faire porter aux Pères Capucins les charités des personnes qui leur étaient affectionnées, de visiter les hôpitaux et les pauvres honteux dans leurs mansardes, et d'aller adorer son Créateur dans diverses églises. Il méditait les mystères de la Passion, en allant de l'une à l'autre de ces églises, qui lui servaient de stations correspondant à celles de la Passion.

Il joignait la pratique de beaucoup d'œuvres de charité spirituelle à tant d'œuvres de charité corporelle. Ainsi, il ne se contenta pas, comme il avait fait à Agen, d'aller instruire le peuple des campagnes, livré à une extrême ignorance et endoctriné par un grand nombre de ministres hérétiques. Il forma une congrégation de plusieurs étudiants en théologie qu'il avait attirés à la piété et au mépris du monde. Après s'être bien instruits des principaux points de controverse religieuse, ils allaient deux à deux, dans toutes les paroisses des environs de Bordeaux, catéchiser ces pauvres populations si exposées à se perdre. Ces pieux jeunes gens gagnèrent tellement d'âmes à Dieu et édifièrent si fort tout ce pays, que tout le monde reconnut que c'était le Saint-Esprit qui avait formé cette pieuse entreprise et que son souffle animait ces jeunes apôtres.

VI

Michel Le Nobletz se prépare lentement au sacerdoce par la prière et la méditation sur les difficultés qu'on a à vivre dans le monde avec un parfait dégagement des créatures.

Michel Le Nobletz s'était préparé pendant six années à recevoir les ordres sacrés, par l'étude de la théologie et par une sainte vie. Mais il voulut, à l'imitation de saint Ignace, son modèle ordinaire, se disposer à ce redoutable honneur par une année de pénitence et d'oraison. Il fit d'abord un pieux pèlerinage à une église dédiée à la sainte Vierge, pour la remercier de toutes les grâces et faveurs dont elle l'avait comblé pendant les quatre années qu'il avait passées à Bordeaux. Il jeûna ensuite durant six mois, pendant lesquels il ne portait point de linge, couchait toujours sur la dure, ou sur un peu de paille, et passait les journées entières et la plupart des nuits en prières et en méditations.

Après ces premières préparations, il retourna auprès de son père et de ses parents. Ils eurent tous une grande joie mêlée de fierté en le voyant si distingué par sa piété et son savoir. Désireux de le voir devenir le plus tôt possible l'honneur et l'appui de la famille, ils le pressèrent vivement de ne pas tarder davantage à recevoir les ordres sacrés, et lui firent remarquer avec insistance qu'il avait dépassé depuis cinq ans l'âge nécessaire pour recevoir le sacerdoce, et que sa préparation excédait toutes les bornes.

Mais Michel, nourri de la lecture de la vie des Saints, répondait à ses parents en rappelant avec une humilité pleine de conviction, la crainte mêlée de respect avec laquelle les Saints Pères avaient reculé devant cette charge auguste, bien supérieure à la dignité des rois et des empereurs. Il méditait sans cesse sur les dangers et l'immense responsabilité du sacerdoce, et l'on a retrouvé dans ses papiers une méditation relative aux dangers (il en énumérait dix principaux) qui menacent ceux qui embrassent et exercent légèrement cette charge redoutable. Ce vrai sage considérait ainsi à loisir, avant de s'embarquer, tous les naufrages que causent ces dix écueils.

Il se prémunissait aussi d'avance, par la prière et la méditation, contre les difficultés que trouve, dans le commerce du monde, un prêtre séculier qui, comme lui, désire conserver et accroître l'union intime avec Dieu, le détachement généreux des choses créées, la paix de l'âme, la liberté intérieure, et toutes les grandes et solides vertus.

Il reconnaissait que pour travailler à procurer la gloire de Dieu et le salut des âmes, un prêtre zélé est obligé de vivre dans le monde ; mais, ajoutait-il, il n'est pas moins difficile d'y demeurer sans en contracter le mauvais air, que d'être longtemps dans une chambre pleine de fumée sans en avoir mal aux yeux, ou de mêler de l'eau de fontaine avec celle de la mer,sans qu'elle en devienne salée. Eclairé des lumières divines, il scrutait les différents dangers que la fréquentation des gens mondains fait courir au ministre de Jésus-Christ (et aussi plus ou moins à tous les chrétiens), notamment le danger des amitiés particulières excessives, fort nuisible à la solitude du cœur et à l'ardeur avec laquelle on doit s'attacher à Dieu ; la dissipation et la vaine curiosité auxquelles on s'habitue facilement en entendant trop souvent parler de choses frivoles et inutiles, si même elles ne sont pas opposées à la morale de l'Evangile et à la charité envers le prochain. On arrive ainsi à n'avoir plus de goût pour les choses sérieuses, le recueillement et la retraite.

Il redoutait encore le danger de faire un trop grand nombre de connaissances, ce qui entraîne à recevoir et à rendre beaucoup de visites inutiles, et détourne de l'habitude du travail et de l'étude, si nécessaire à tout le monde, mais absolument indispensable aux ecclésiastiques; le danger, difficile à éviter, d'inviter souvent à sa table les gens du monde, et d'être invité chez eux, ce qui, dans un pays et un temps où la sobriété était trop peu pratiquée, pouvait très-facilement ruiner l'esprit de mortification, et même entraîner aux péchés de gourmandise... Avec une sagacité parfaite, Michel constatait en même temps les graves inconvénients résultant d'une vie tout-à-fait solitaire, ainsi le manque d'expérience, souvent l'ennui, le chagrin, la fainéantise, le manque d'usage, la pesanteur d'esprit, l'amour-propre, la présomption et l'attache à son sentiment. Si l'on vit retiré à la campagne, on y manque souvent de bons directeurs, de bons prédicateurs et des autres moyens de sanctification...

La sagesse divine, qui instruisait si bien Michel Le Nobletz des dangers qu'il aurait à courir dans le monde, lui découvrit aussi les règles qui devaient diriger sa conduite, aussi bien que celle de tout chrétien qui fait état d'une grande perfection. Parmi ces règles, citons-en quelques-unes qui sont d'une justesse frappante :

« Il vaut mieux avoir moins de crédit et d'estime dans le monde, que de le trop fréquenter, et l'on ne devrait jamais s'y engager sans avoir cette maturité d'esprit et cette sage discrétion que l'âge et une piété éclairée peuvent seuls donner.

« Un homme sage et vertueux doit dans le monde chercher un juste milieu entre une politesse exagérée et une réserve sauvage.

« Quand on a ce qui est nécessaire pour vivre selon son état, c'est avarice de souhaiter d'avoir davantage.

« Il faut, dans le monde, se garder d'être grand parleur ou diseur de bons mots, d'y vouloir paraître plaisant et trop agréable, principalement quand on s'y entretient avec des personnes du sexe. Un trop grand enjouement, surtout quand on le rend ordinaire, est souvent accompagné de beaucoup de vanité, d'un grand amour-propre, et d'un désir ardent de plaire aux autres, ce qui dissipe entièrement l'esprit intérieur.

« La maxime de quelques anciens qu'on doit toujours vivre avec ses amis comme si l'on devait devenir leurs ennemis, cette maxime bien entendue serait d'un grand usage pour la vie spirituelle. La confiance et l'amitié que nous avons pour une personne ne nous doit jamais rendre plus hardis à faire ou à dire quelque chose qu'elle puisse jamais avoir droit de nous reprocher. La liberté qui doit toujours se trouver dans les amitiés les plus saintes n'empêche pas le respect que se doivent porter les amis.

« Les personnes vicieuses ne pouvant mériter aucun respect, il n'est pas possible d'entretenir avec elles cette amitié respectueuse fondée sur l'estime. Quant aux personnes qui sont d'une position beaucoup au-dessus de la nôtre, il arrive souvent que nous ne pouvons avoir avec elles cette liberté et cette ouverture de cœur, qui est le principal fruit de l'amitié. C'est pourquoi il faut rendre service aux unes et aux autres (aux personnes vicieuses et à celles qui sont beaucoup au-dessus de nous) comme en passant et sans nous attacher à elles à aucun prix que ce soit.

« Il faut avoir toujours un emploi de cabinet qui nous occupe à l'étude de la loi de Dieu et de la religion, ou, du moins, à quelque travail indifférent, qui puisse s'allier avec les exercices de dévotion, en bannissant l'oisiveté.

« Il faut contredire dans sa conduite l'esprit du monde par des humiliations volontaires, par le mépris de soi-même, autant qu'on le peut sans empêcher de plus grands biens ; aimer les occasions de soumettre son jugement et sa volonté aux autres, et joindre à cette mortification de l'esprit celles du corps, avec les oraisons ferventes, le fréquent usage des sacrements et un entretien ordinaire avec des personnes vertueuses.

« Il faut surtout être constant dans ces exercices de piété, et même les augmenter par l'avis d'un sage directeur. Cette constance est une austérité plus recommandée dans l'Evangile, et moins exposée à l'illusion que toutes les austérités corporelles. »

VII

Michel Le Nobletz refuse des bénéfices et des dignités ecclésiastiques. Persécutions de la part de sa famille. Il apprend l'hébreu, et reçoit enfin la prêtrise.

On comprend facilement qu'un homme, éclairé à un tel point sur les dangers du monde et sur la sainteté que demande l'état ecclésiastique, ait voulu se préparer encore pendant quelque temps à recevoir cette redoutable et auguste dignité. M. de Kerodern au contraire était plein d'impatience de voir son fils entrer dans les ordres, non-seulement par la raison qu'il l'en trouvait très-digne, mais aussi dans l'espoir fondé d'obtenir pour lui un ou plusieurs bénéfices (1) fort à sa convenance. C'est ainsi que trop souvent les personnes pieuses ternissent des vues ou des actions louables et chrétiennes, par la recherche d'un intérêt mondain, indigne des disciples de Jésus-Christ.

Le diocèse de Léon était alors gouverné par Mgr Rolland de Neuville, un des Évêques les plus remarquables de cette époque par sa naissance, sa science et sa piété. Ce Prélat, qui connaissait M. de Kerodern et le tenait en grande estime, voulut entendre Michel dans une grande discussion théologique, à laquelle prirent part les plus savants ecclésiastiques. Mgr de Neuville fut si ravi de la science profonde, de la modestie et de l'humilité merveilleuse de Michel, qu'il le pressa de recevoir les ordres sacrés, et le supplia d'accepter les premiers bénéfices considérables qui viendraient à être libres dans son diocèse.

(1) On sait qu'avant la Révolution de 1789, l'Église était propriétaire de biens fonciers et autres, dont l'autorité ecclésiastique attribuait la jouissance à ses prêtres, pour les mettre dans une position indépendante. C'était là ce qu'on appelait être pourvu d'un *bénéfice*. La Révolution s'est emparée, par un vol sacrilége, de toutes les propriétés de l'Église. Mais, depuis, le Saint-Siége a consenti à abandonner ses droits, moyennant l'engagement, pris par l'Etat, de faire au clergé un traitement suffisant. Ajoutons que ce traitement ne représente qu'une très-faible partie de la valeur réelle des propriétés ecclésiastiques usurpées, il y a quatre-vingts ans.

L'estime que lui témoignait son Évêque et la réputation qu'il s'était acquise dans tout le pays par sa science, lors de cette discussion théologique, déterminèrent l'humble Michel à quitter au plus tôt Saint-Pol-de-Léon.

M. de Kerodern de plus en plus flatté du succès qu'avaient eu le talent et la vertu de son fils bien-aimé, s'attacha avec persistance au désir de lui faire prendre goût à la gloire mondaine. Il crut faire merveille en lui faisant cadeau d'un superbe costume, tel qu'en portaient les ecclésiastiques du plus haut rang. Mais Michel était bien éloigné des sentiments ambitieux de son père. Trouvant que ce superbe vêtement tout doublé de satin jurait singulièrement avec le mépris du monde dont il voulait faire profession, il n'eut rien de si pressé que de reprendre sa soutane d'étoffe commune, et de donner son beau costume à un pauvre prêtre, heureux d'honorer Notre-Seigneur, dans la personne de son ministre.

Quelles ne furent pas la surprise et l'indignation de M. de Kerodern quand il rencontra ce pauvre prêtre? La colère l'aveugla au point de le faire manquer aux convenances et au respect dû à la personne sacrée d'un ministre des autels. Ne pouvant souffrir la libéralité si extraordinaire de son fils, il lui reporta son beau vêtement après en avoir dépouillé le pauvre prêtre qui l'avait reçu. Aux vifs reproches que lui adressa son père, Michel répondit avec une humilité et une douceur qui firent rentrer M. de Kerodern en lui-même. Honteux de sa conduite condamnable, il la répara de son mieux en rendant l'habit au pauvre ecclésiastique, et lui demandant pardon de la violence avec laquelle il le lui avait lui enlevé.

Mais M. de Kerodern n'était pas encore pénétré de l'esprit du christianisme au point de renoncer aux projets ambitieux qu'il formait pour son fils. Un bénéfice considérable étant venu à se trouver vacant, il pressa Michel de saisir cette occasion et d'accepter ce moyen de vivre avec honneur. Il ajouta : « Si vous refusez tout bénéfice, comment ferez-vous pour tenir dans le monde un rang digne de la noblesse de votre famille? Car vous savez que l'aîné de vos frères doit avoir les deux tiers de ma fortune, selon la coutume; quand vous aurez partagé avec vos neuf autres frères et sœurs le dernier tiers de notre héritage, quelle figure pourrez-vous faire dans le monde? »

« — Mon cher père, répondit Michel, je n'ai ni la capacité ni la vocation nécessaires pour le genre de vie dont vous me parlez. Je ne me sens pas assez de forces pour la charge des âmes, que ce bénéfice m'imposerait. Je ne me sens point non plus capable de conserver quelque vertu dans d'autres dignités ecclésiastiques plus élevées, qu'on me fait espérer; je regarde ces dignités comme causant souvent la ruine de l'humilité et de la simplicité chrétienne. Je crois que Dieu m'appelle à l'honneur de faire des missions aux peuples de la Basse-Bretagne. J'espère que ces humbles fonctions produiront plus de bien aux âmes, et seront moins dangereuses pour moi. Enfin, ajouta Michel, du ton d'un homme qui a pris une résolution inébranlable, plutôt que d'accepter charge d'âmes, ou de consentir à être élevé à aucune dignité ecclésiastique, j'aimerais mieux aller garder des troupeaux dans nos landes! »

M. de Kerodern, en entendant ces paroles, fut d'abord en proie à une sensible douleur. Bientôt l'indignation et la colère s'emparant de son âme, lui firent oublier la tendresse qu'il avait pour son fils. Il lui dit avec beaucoup d'aigreur et d'emportement: « Ah! c'est sur ce pied que vous le prenez! Eh bien! si c'est votre vocation de conduire les bêtes, je vais vous charger de ce bel emploi! » Et aussitôt il ordonna en effet qu'on lui fît mener un troupeau au pâturage.

M. de Kerodern se trompait grandement lorsqu'il s'imaginait faire changer les idées de son fils par de pareils traitements. Le saint jeune homme se soumit avec beaucoup de joie et d'obéissance aux ordres de son père. L'humiliation qu'il recevait devant sa famille et tous les domestiques de la maison allait fort à son goût pour les opprobres; et même il se trouvait honoré du soin des troupeaux, qui ont fait l'occupation de tant de saints et de grands personnages de l'ancien et du nouveau Testament. La seule chose qui eût pu l'affliger, c'était la pensée de déplaire à son père. Mais il se consolait par la certitude que sa conduite ne déplaisait pas à Dieu.

La Providence permit, pour exercer la patience et la vertu de Michel, que M. de Kerodern, voyant qu'il persévérait avec constance dans son refus de tout bénéfice, poussât la folie et la dureté jusqu'à chasser de chez lui ce fils de bénédiction.

Michel alla demander l'hospitalité à sa vieille nourrice. Cette femme pleine de foi et de piété n'avait à lui offrir rien de ce qui flatte la nature. Mais sa pauvreté était une raison de plus pour attirer Michel dans sa misérable cabane. Il vécut là pendant plusieurs mois, manquant de tout, et l'objet du mépris général; mais il ressentait une grande joie, en pensant qu'il imitait ainsi la vie cachée du Sauveur. Logeant dans une chaumière couverte de paille, il se trouvait bien plus heureux que ceux qui ne trouvent jamais d'appartements assez riches pour leur demeure. Il était habillé et nourri comme un pauvre paysan; mais il s'entretenait habituellement dans le ciel avec le Roi des rois et avec les Princes de la Cour céleste.

Il employait le temps qu'il ne donnait pas à la méditation, à lire l'Écriture sainte, à instruire les pauvres et les enfants et à chercher l'aumône pour les indigents qui avaient honte de mendier. Tous ses parents, qui ne savaient pas en quoi consiste le véritable bonheur des saints, déploraient ce qu'ils appelaient son malheur; ils le traitaient de fou et d'extravagant, et s'affligeaient sans cesse de lui voir ainsi enterrer les riches talents qu'il avait reçus du ciel. Mais le saint homme, qui se sentait appelé de Dieu à faire fructifier le sang de Jésus-Christ dans les âmes par le moyen des missions, ne croyait pas pouvoir s'y mieux disposer, ni mieux employer le temps qu'en s'établissant aussi profondément dans le mepris de la gloire, de l'estime et de toutes les satisfactions du monde; car il croyait que c'étaient là les plus grands obstacles aux grâces qu'un missionnaire zélé doit obtenir pour lui et pour ceux dont il veut procurer le talent.

S'étant enfin rassasié d'opprobres et de confusion

pendant six mois, Michel se sentit inspiré d'aller à Paris pour chercher quelque excellent directeur avec lequel il pût conférer relativement à la conduite de Dieu sur son âme. Il avait pour maxime « que Dieu voulait conduire les hommes par les hommes ; que sans un bon directeur il était impossible d'éviter les écueils et de bien se tirer des difficultés qu'il avait prévu de la part du monde; et que, selon un proverbe breton qu'il répétait souvent :

Qui n'obéit au nocher,
Brise contre le rocher. »

Il alla donc trouver son père avec confiance, et le supplia de lui permettre d'étudier encore quelque temps à Paris avant de recevoir les ordres sacrés. M. de Kerodern sentit toute sa tendresse se réveiller pour celui de ses enfants qu'il avait toujours le plus aimé ; et, le croyant enfin plus disposé à lui obéir, il lui donna libéralement tout ce qui était nécessaire pour ce voyage.

Arrivé à Paris, Michel suivit pendant quelque temps les cours des plus célèbres professeurs de la Sorbonne. Mais il ne tarda pas à s'apercevoir, malgré son humilité, qu'il n'avait rien à apprendre de nouveau, près de ces docteurs. Il laissa donc de côté tous les traités de théologie scolastique, pour se livrer uniquement à l'étude de l'hébreu, langue qu'il désirait savoir parfaitement à cause de sa passion pour la sainte Écriture.

Mais son principal soin fut de trouver le directeur qu'il était venu chercher à Paris. La réputation de vertu et de capacité dont jouissait le Père Cotton, confesseur et prédicateur d'Henri IV, le détermina à s'adresser à lui. Il s'ouvrit complètement à ce saint homme et lui fit part des lumières dont Dieu l'avait favorisé, des dons et des grâces qu'il en avait reçus, du désir qu'il avait de travailler au salut des âmes en faisant des missions, de ses sentiments de mépris pour l'esprit du monde, enfin des moyens que Dieu lui avait inspirés pour surmonter les difficultés qui s'opposent dans le monde à ceux qui aspirent à la plus haute perfection.

Le P. Cotton fut si ravi du spectacle magnifique que lui offrait cette sainte âme inondée de tant de grâces merveilleuses, qu'il ne put retenir des larmes de joie et de reconnaissance envers la bonté paternelle de Dieu. Il exhorta Michel à ne plus différer d'entrer dans les ordres et de suivre le genre de vie que Dieu lui avait inspiré pour procurer sa gloire et le salut des âmes. Se soumettant à ce conseil comme à un ordre du ciel, *Maître Michel* reçut à Paris les ordres sacrés.

Nous désignerons ainsi Michel Le Nobletz, car son humilité lui fit adopter cette appellation, usitée à l'égard des pauvres prêtres de la campagne, dont il ne voulait jamais qu'on le distinguât. Mais ce ne fut pas sans peine qu'il obtint des peuples qui connaissaient la noblesse de sa famille et surtout ses vertus admirables, ce ne fut pas sans peine, disons-nous, qu'il obtint de tout le monde et même de ses parents, qu'on ne lui donnât plus le titre de Monsieur, ni même celui de Dom, mais qu'on l'appelât seulement *Maître Michel*. C'est ainsi que les saints sont plus ingénieux à fuir la gloire du monde, que les mondains n'ont d'ardeur pour la rechercher.

VIII

Dévotion du nouveau prêtre au saint sacrifice. — Sa retraite et sa pénitence extraordinaire à Tremenach.

Rien ne peut donner une idée des sentiments de reconnaissance dont fut pénétré le nouveau prêtre envers Notre-Seigneur, qui l'avait élevé à une si auguste dignité. Il lui rendit des actions de grâces pour cette faveur incomparable pendant tout le cours de sa vie, et au moment d'expirer, il priait encore la personne qui l'assistait de le faire souvenir fréquemment de cette grâce si admirable, et de l'aider à en bien remercier la bonté infinie de Dieu. Quoiqu'il se fût préparé aux ordres sacrés avec un soin si extraordinaire, et cela pendant six annés; il disait souvent, depuis, à ses amis les plus intimes : « Si Dieu m'eût fait connaître alors la dignité de cet auguste ministère et l'excellence des vertus que doivent avoir ceux qui y aspirent, aussi parfaitement que je les ai connues depuis, je n'aurais jamais été assez hardi pour m'y engager. J'ai donc à remercier la Providence de m'avoir donné, avant mon ordination, moins de lumières que je n'en ai reçu ensuite. »

Il alla dire sa première messe dans sa paroisse, pour satisfaire les justes désirs de son père et de sa mère. On peut s'imaginer avec quel soin il se prépara à cette touchante cérémonie, et quels sentiments inondèrent son âme, lorsque, pour la première fois, il fit descendre sur l'autel, tint dans ses mains et se nourrit lui-même du corps adorable du Sauveur.

A cette époque existait en Basse-Bretagne la déplorable coutume de réunir, à l'occasion d'une première messe, une foule bruyante de parents et d'amis. Maître Michel ne put jamais se faire à l'idée de voir quatre à cinq cents personnes venues pour lui faire des présents généreux, en recevoir de lui, et surtout passer trois jours en danses et en festins. Heureusement M. de Kerodern consentit à n'inviter à cette sainte cérémonie que ses plus proches parents, qu'on n'eût pu priver de cette joie sainte sans dureté. La journée se passa de la manière la plus édifiante, et le recueillement du jeune prêtre ne fut point troublé par des réjouissances mondaines et profanes.

Maître Michel apporta toujours, le reste de sa vie, la même préparation à célébrer la sainte Messe. Pour s'y disposer, il s'imposait toujours la veille quelque austérité considérable. Mais il ne se contentait pas de cette préparation éloignée, il se disposait prochainement au saint sacrifice par une pratique spirituelle qui durait de minuit à deux heures. Pendant ces deux heures, il faisait sept actes, de foi, de recueillement, de demande, de contrition, d'humilité, de confiance et d'amour, qui peuvent servir fort utilement à tous ceux qui se disposent à recevoir la divine Eucharistie.

Pendant qu'il était à l'autel, il faisait paraître une modestie, un respect et un amour si brûlant, qu'ils ravissaient d'admiration tous les assistants, et leur inspiraient une vive piété. Son visage était alors si enflammé, et ses yeux avaient un éclat si pénétrant qu'on y lisait facilement la certitude qu'il avait de la présence de son Dieu, et les faveurs célestes qu'il recevait alors en plus grand nombre qu'en aucun autre temps.

Après la messe, il employait ordinairement deux autres heures à s'entretenir seul à seul avec son Dieu ; et cet exercice occupait si complétement son âme, et la transportait tellement, qu'on l'a vu souvent, après la messe, plongé dans des extases d'amour qui suspendaient l'usage de ses sens extérieurs.

Avant de se consacrer à la vie des missions, Maître Michel jugea nécessaire de faire une grande retraite, à l'exemple de Notre-Seigneur. Il méditait profondément, pendant qu'il se préparait un lieu solitaire de retraite, ces hautes et grandes vérités : On ne peut se rendre capable des plus grandes actions qu'en s'accoutumant aux plus grandes souffrances; Dieu voulant seul avoir toute la gloire de nos actions, refuse de se servir des hommes qui ne renoncent pas à toute sorte de gloire pour eux-mêmes; et la grandeur du Créateur consistant à faire toutes choses de rien, il opère plus de merveilles au moyen d'un seul homme qui se sacrifie ainsi entièrement à lui dans les fonctions ecclésiastiques, que par mille autres hommes qui ne se sont pas dépouillés entièrement de leur propre amour et du désir de s'attirer les louanges et l'estime des hommes.

Maître Michel fit donc bâtir une petite cellule couverte de paille, dans un lieu solitaire appelé Tremenach, près de la mer, non loin de Plouguerneau. Il s'y enferma, et y mena pendant un an une vie des plus solitaires et plus pénitente que celle des anciens ermites du désert. Il porta constamment un rude cilice, et il ne se servit pas de linge, sauf le collet attaché à sa soutane. En outre de ces deux supplices, il prenait tous les jours la discipline jusqu'au sang, et n'avait point d'autre lit que la terre nue, et d'autre oreiller qu'une pierre. Pour toute nourriture, il prenait, une seule fois par jour, un peu de bouillie, ou plutôt une espèce de colle, car ce n'était que de la grossière farine d'orge délayée avec de l'eau pure, sans sel, ni beurre, ni lait. Une personne du voisinage lui apportait cette misérable nourriture dans un petit plat, par une fenêtre étroite. Pour toute boisson, il prenait de l'eau pure, encore la réduisait-il à une très-faible quantité. Il ne se servait de vin que pour le saint sacrifice de la messe.

Une si excessive austérité lui affaiblit et lui rétrécit tellement l'estomac, qu'il eut depuis, jusqu'à la mort, une extrême peine à prendre la nourriture qui lui était nécessaire, de sorte qu'il disait ordinairement pendant son repas, avec le saint homme Job, dont il imitait la patience : « *Je ne mange jamais qu'en soupirant et en souffrant.* »

Il se repentit plus tard de ces pieux excès, et il demanda souvent pardon à Dieu de ce que par ces austérités il s'était rendu moins capable de travailler à sa gloire et au salut des âmes, surtout pendant les vingt dernières années de sa vie. Cependant il s'en consolait facilement par cette pensée, que si ces rigueurs excessives avaient altéré sa santé, elles lui avaient servi à s'unir parfaitement à Dieu, en le détachant de plus en plus du monde et de l'amour de lui-même.

Il ne sortait de sa cellule que pour célébrer la sainte messe. Il garda toute cette année un silence perpétuel, et ne parla qu'à son seul confesseur; de sorte qu'il oublia presque entièrement sa langue maternelle, faute d'exercice. Mais Dieu le récompensa de cette grâce momentanée par deux avantages considérables. Il lui apprit, par ce silence, à parler si bien et si à propos, qu'on ne l'entendit depuis jamais parler d'autre chose que de Dieu, ou de ce qui regardait sa gloire et son service; et il en pouvait discourir sans peine des journées entières, quoiqu'il le fît toujours avec une application et une ardeur extrêmes. Ce silence héroïque lui valut une facilité nouvelle, et plus grande encore qu'auparavant, à s'entretenir avec Dieu par le moyen de l'oraison et de la contemplation, dans laquelle il fit des progrès admirables.

Maître Michel reçut pendant cette retraite de grandes lumières, notamment un esprit de discernement qui le rendit toute sa vie très-éclairé sur le choix de ce qu'il fallait dire, en chaire ou en particulier, pour gagner à Dieu chacun de ses auditeurs. Il reçut aussi alors, par une inspiration céleste, l'idée et le talent de composer ces tableaux emblématiques, accompagnés d'explications ingénieuses, qui ont réussi d'une manière vraiment prodigeuse à faire connaître aux plus ignorants les mystères de notre religion, et qui ont décidé tant de chrétiens, jusque-là bien tièdes, à embrasser la vie la plus fervente. Il fit aussi une revue de toutes ses études, afin de les rendre utiles à la sanctification des autres.

Enfin Maître Michel termina sa retraite par le choix de cinq vertus, qu'il appelait ses armes défensives et offensives. Voici ces cinq vertus qui furent désormais la règle de toute sa vie : 1° une oraison et une présence de Dieu habituelles; 2° une pénitence et une austérité continuelles; 3° un détachement sincère de l'amour déréglé de ses parents, et de toutes les conversations inutiles à la gloire de Dieu ; 4° l'étude des sciences nécessaires pour le salut du prochain; 5° enfin, une grande liberté d'esprit, par le moyen de laquelle, renonçant à toute espèce d'attache terrestre, il espérait être toujours disposé à recevoir les inspirations du Saint-Esprit, et à obéir à ses mouvements avec toute l'ardeur et toute la promptitude possible.

Maître Michel eut besoin de ces armes spirituelles avant même de sortir de sa cellule. Il fut en butte aux persécutions les plus violentes de la part d'une personne dévote, qui avait plus de zèle que de discrétion. On rencontre de ces personnes qu'un commencement de piété rend assez bien intentionnées pour combattre le vice; mais le défaut de lumière et d'expérience leur fait voir le mal partout où elles voient une conduite différente de la leur, et des pratiques de piété qui leur sont inconnues. Cette personne, incapable de comprendre la conduite extraordinaire de Maître Michel, et ne concevant pas qu'un homme pût s'être condamné à une prison si affreuse sans y avoir été attiré par d'autres plaisirs que ceux qu'on goûte dans la contemplation, cette personne imprudente poursuivit par ses calomnies et ses persécutions le saint anachorète, au point qu'il se vit obligé de quitter sa retraite avant d'avoir achevé l'année qu'il voulait y passer.

Il souffrit sans se plaindre aucunement les jugements téméraires et les calomnies dont il fut victime. Au reste, comme il arrive ordinairement, Dieu prit la défense de celui qui n'attendait sa justification que de la Providence. La personne qui le persécutait reconnut bientôt l'injustice de ses accusations, de sorte que l'innocence et la patience du solitaire furent rehaussées par cette épreuve. Ajoutons que Dieu, sans attendre le grand jour qui rendra publiques toutes les actions secrètes, a pris plaisir à manifester la sainteté de son serviteur aux yeux de tous les peuples, en rendant son ermitage si célèbre par une foule de miracles, qu'il y a eu peu de pèlerinages plus fréquentés que celui-là

IX

Maitre Michel commence ses travaux apostoliques dans son pays natal. Il est persécuté par toute sa famille et par tous ceux dont sa sainteté et ses prédications condamnent les scandales.

Ainsi preparé, notre saint missionnaire se mit à l'œuvre. A l'exemple du Sauveur, qui évangélisa d'abord les lieux les plus voisins de sa résidence ordinaire, et suivant l'avis de saint Paul qui veut qu'on s'occupe avant tout de ses parents et de ses proches, il commença par les habitants de la paroisse de Plouguerneau, lieu de sa naissance. Ces pauvres gens, aussi bien que tous les Bretons, étaient dans un triste état religieux et moral. A la suite des guerres de religion causées par les hérésies sacriléges de Luther et de Calvin, une ignorance incroyable, l'immoralité et l'ivrognerie infectaient toutes les classes de la société. Le clergé lui-même avait besoin de réforme sous le rapport de l'instruction et du zèle.

Maître Michel s'appliqua d'abord à combattre l'extrême ignorance de ces pauvres gens, en leur enseignant tous les jours les premiers éléments de la doctrine chrétienne; il les instruisait non-seulement dans l'église, mais aussi dans les maisons particulières, dans les grands chemins, et partout où il pouvait les trouver. Il prêchait en même temps contre les abus et les scandales avec un zèle extraordinaire. Ces touchantes prédications, unies au spectacle d'une vie si sainte, convertirent bon nombre de personnes; mais la plupart des autres, plus surpris d'une conduite si nouvelle pour eux, qu'ils n'étaient ébranlés par les grandes vérités qu'il leur prêchait, regardèrent le saint missionnaire comme un homme qui avait perdu l'esprit.

Ses plus proches parents furent ses plus rudes persécuteurs. M. de Kerodern, qui était trop attaché aux honneurs et aux biens de la terre, ne put pardonner à son fils son désintéressement parfait. Il conçut pour Michel autant d'aversion qu'il avait eu de tendresse pour lui auparavant, en le voyant de plus en plus décidé à n'accepter aucun bénéfice, ni même aucune rétribution pour ses fonctions ecclésiastiques. Sa mère, imbue des mêmes idées mondaines que M. de Kerodern, espéra quelque temps amener par la douceur son fils à résipiscence; elle réussit à lui faire éviter des mauvais traitements que M. de Kerodern aurait fait subir à Michel, malgré son caractère sacré. Elle employait toute son éloquence à convaincre son fils d'accepter de bons revenus, qui seraient mieux, ajoutait-elle, qu'entre les mains d'aucun autre. Mais Michel ne lui répondit que ces mots: « La divine Providence pourvoira certainement à tous mes besoins. Dieu s'est engagé dans l'Evangile à ne laisser manquer de rien ceux qui le servent avec confiance. »

Mme de Kerodern, pas plus que son mari, n'avait encore assez de foi pour comprendre un désintéressement si évangélique. Elle finit par concevoir contre Michel les mêmes sentiments de colère et d'indignation que M. de Kerodern. Mais le saint homme, fortifié par l'esprit de Dieu, resta ferme dans ses résolutions. Il n'était d'aucune des parties de plaisir qui se faisaient chez son père, et ne voyait aucun de ses nobles invités, à moins qu'il n'eût quelque espérance de les attirer à Dieu. Sa mortification était si parfaite qu'il ne but pas une goutte de vin pendant les vingt premières années qui suivirent sa conversion. Pour sa nourriture, il prenait le pain le plus grossier des domestiques et le rompait dans une écuelle de bois, qu'il remplissait de bouillon preparé pour les garçons de ferme. Ordinairement il apprêtait lui-même ce dîner frugal, qui était le seul repas de sa journée. Au reste, il ne touchait jamais à aucun des mets qui devaient être servis sur la table de son père.

Après avoir pris ce léger repas, il parcourait la paroisse de Plouguerneau, non sans une grande fatigue, car elle était fort étendue, et les fermes éloignées les unes des autres. Avec une patience et une adresse admirables, il enseignait au peuple les vérités de la foi, l'oraison dominicale et les autres prières les plus usuelles. S'il ne pouvait trouver chez eux ces braves gens, il les attendait sur les grands chemins, au retour des foires et des assemblées, et les entretenait sans cesse du royaume de Dieu et des moyens d'y parvenir.

Il n'oubliait pas les besoins temporels de ces populations, en les secourant dans leurs nécessités spirituelles ; il visitait, consolait et confessait tous les malades avec une tendre charité, et assistait tous les pauvres honteux. Il prenait leurs noms, et allait ensuite de village en village demander l'aumône pour les nourrir.

Le dimanche il ne bornait pas son zèle à la paroisse de Plouguerneau ; il allait dans les paroisses voisines, prêcher, catéchiser et confesser ; et le ciel répandait les bénédictions les plus abondantes sur les pas de son saint missionnaire.

Cependant, à mesure que la famille de Maître Michel perdait l'espoir de l'amener à ses vues ambitieuses, son irritation allait croissante de jour en jour. Loin de comprendre les motifs de zèle qui, chaque dimanche, entraînaient le saint missionnaire à faire de plus longues courses évangeliques, son père, sa mère et ses frères s'imaginaient qu'il était en proie aux accès d'une folie périodique.

On le fit comparaître devant la famille réunie, et M. de Kerodern lui dit avec emportement : « Quelle conduite insensée vous obstinez-vous à suivre malgré ma défense ? C'est une honte insupportable pour nous de vous voir mener la vie d'un mendiant et d'un fou. Vous êtes devenu la fable de toute la noblesse du pays, et la risée de tout le diocèse. Et cependant si vous l'eussiez voulu, vous eussiez pu servir Dieu et faire honneur à votre famille, au lieu de nous couvrir de honte par votre vie extravagante !... »

Puis, voyant que Michel persistait dans ses desseins de perfection évangélique, ce pauvre père, aveuglé par l'esprit du monde, s'oublia au point de chasser de sa maison ce fils de bénédiction. O sagesse mondaine ! M. de Kerodern chasse comme l'opprobre de sa maison ce grand homme qui justement l'a illustrée par ses vertus merveilleuses !

Le saint prêtre obéit immédiatement ; il reçut cette humiliation avec une parfaite soumission à la volonté de Dieu, qui permettait pour son bien que M. de Kérodern le traitât si durement. S'étant retiré dans un lieu écarté, il versa des larmes de joie, et, élevant avec beaucoup de confiance les yeux et la voix vers son Père céleste, il s'écria : « Vous voyez, Seigneur, que mon père et ma mère m'ont chassé et privé de toute ressource. Je ne sais où me réfugier, si je n'ai recours à vous; mais aussi ne me faut-il point d'autre refuge que vous, puisque vous êtes le père des pauvres et des orphelins. Recevez-moi donc, mon Dieu, pour votre enfant, puisque je vous reconnais maintenant pour mon seul et véritable père, et que je puis mieux que jamais vous dire, comme votre divin Fils m'a appris à le faire : *Mon père, qui êtes aux cieux*. Faites-moi cette grâce, que je sois à votre égard un fils qui vous obéisse aussi parfaitement, qu'il dépend absolument de vous. Conduisez tous mes pas où votre sainte volonté m'appellera ; je m'abandonne entièrement entre les mains de votre divine providence... Ayez pitié, mon Dieu, de mon père et de ma mère, et ne leur imputez pas à péché leur procédé à mon égard. Je considère avec joie, comme une marque particulière de votre bonté pour moi cette conduite rigoureuse, que vous rendrez utile à mon salut et à votre propre gloire. »

Après cette prière, Maître Michel se sentit porté à prendre la résolution de ne point quitter la paroisse. Ce qui le détermina à ce parti, ce fut le désir de boire à longs traits l'ignominie que lui faisaient souffrir ses parents ; car on se rappelle qu'il avait promis au Sauveur de ne jamais refuser aucune occasion de prendre part aux ignominies de sa Croix. Il était aussi retenu par l'espoir d'achever la conversion de son père, de sa mère, de toute sa famille et de toute la paroisse de Plouguerneau.

La pauvre cabane de sa vieille nourrice lui servit encore de retraite. Il y souffrit, comme la première fois, une extrême pauvreté. Dieu priva en outre son courageux serviteur de toutes les douceurs et consolations intérieures qu'il recevait ordinairement en abondance. Cette privation lui fut bien autrement sensible que tous les mauvais traitements de sa famille. Il remercia, comme d'une grande grâce, le bon père, qui daignait ainsi exercer sa patience et sa fidélité.

Cependant il redoubla de zèle pour instruire et convertir cette paroisse qui en avait si grand besoin. Il se multipliait sans que rien ne le rebutât. Tantôt on le voyait au milieu des enfants, ou des personnes qui montraient un grand désir de servir Dieu, les exhorter avec une douceur, une patience et une égalité d'humeur admirables. Tantôt ce même homme, qui venait de se faire petit avec les petits, pour se mettre à leur portée, tonnait en chaire avec une éloquence pleine de chaleur, de véhémence et d'une liberté toute apostolique, contre les vices et contre ceux qui croupissaient dans des habitudes criminelles avec une opiniâtreté réfléchie.

Les pauvres paysans, les femmes du peuple et les enfants furent les seuls qui d'abord goûtèrent les discours du saint prédicateur et en profitèrent. Au contraire, les gens riches et influents, dont les désordres étaient passés en habitude, trouvèrent par trop hardi un prédicateur qui prêchait avec une sainte liberté le mépris du monde, la restitution des biens acquis par l'usure, la fuite des excès de table, des réunions et des danses nocturnes et des autres occasions de péché, également dangereuses aux deux sexes. Ces personnages firent subir au serviteur de Dieu tous les outrages possibles. Ils attentèrent même plusieurs fois à la vie de celui que Dieu leur envoyait pour leur en procurer une éternelle. Du reste, les marques étonnantes du soin que prenait la Providence de la sûreté et de la conservation de son apôtre prouvèrent à tous les yeux que Maître Michel remplissait une mission divine.

Ainsi un gentihomme de ses parents, furieux de le voir prêcher contre les crimes dont il se rendait coupable, le poursuivit deux fois, l'épée à la main, bien résolu à le tuer. Une autre fois, le trouvant dans l'église, il voulut se venger dans l'endroit même où il prétendait avoir été injurié. Sans avoir égard à la sainteté du lieu, il s'avança vers le saint missionnaire pour le tuer d'un coup de pistolet. Loin de fuir, Maître Michel, heureux de mourir pour Celui qui est mort par amour pour nous, se mit tranquillement à genoux et découvrit sa poitrine devant le coup qui le menaçait. L'assassin fut pétrifié à la vue de ce calme si héroïque ; le pistolet lui tomba des mains, et sa fureur s'apaisa instantanément. Ajoutons que ce malheureux expia peu de temps après sur l'échafaud une vie de crimes et de débordements.

Un autre des plus proches parents de Maître Michel essaya de le tuer d'un coup d'arquebuse, pour laver, disait-il, la honte qui ternissait la gloire de toute la famille par suite de la conduite avilissante du missionnaire. Mais la Providence veilla sur la vie de son fidèle serviteur de la manière la plus surprenante. Plusieurs fois encore, les plus débauchés de la paroisse l'attendirent dans des lieux où il devait passer, pour l'assommer de coups de bâtons; mais Dieu sut bien déjouer ces complots criminels, sans même que son missionnaire en eût connaissance.

M. de Kerodern lui-même poursuivit un jour son fils pour le battre à coups de bâton, tant il était indigné de sa conduite. Michel s'enfuit uniquement pour épargner à son père la honte d'une action si criminelle ; car il eût été heureux d'être maltraité et même de perdre la vie, pour le service de Jésus crucifié.

Sa réputation ne fut pas moins violemment ni moins souvent attaquée que sa vie. La sainteté et le désintéressement du serviteur de Dieu accusaient trop la conduite de certains ecclésiastiques. L'un d'eux, irrité de l'entendre prêcher dans sa paroisse contre des vices dont lui-même n'était pas exempt, monta tout-à-coup les degrés de la chaire, et en arracha le prédicateur, au milieu de son sermon, avec une violence inqualifiable. Bien loin de témoigner quelque ressentiment pour un tel affront reçu devant tout le peuple assemblé, le saint missionnaire s'inclina devant ce furieux avec une douceur et une charité parfaites, et alla tout droit se prosterner devant Notre-Seigneur humilié, anéanti dans le Saint-Sacrement de l'autel, pour le remercier de cet affront et le prier de faire miséricorde à son persécuteur.

Des calomnies habilement préparées furent sur le point de perdre Maître Michel dans l'esprit de l'Evêque de Quimper. Mais Dieu permit que M. du Louet, l'un de ses grands-vicaires, bien instruit du zèle et de la sainteté du missionnaire calomnié, éclairât le prélat sur l'injustice de ses accusateurs; de sorte que ce bon Evêque le chargea de veiller sur la conduite de ses persécuteurs; ce qui donna une grande autorité au serviteur de Dieu pour faire le bien dans ce pays.

X

Maître Michel convertit entièrement son père et sa mère. — Leur sainte mort.

Maître Michel aimait beaucoup son père, et lui avait une grande reconnaissance pour l'excellente éducation qu'il en avait reçue. Enflammé du désir d'assurer le salut de M. de Kerodern, en le délivrant des défauts les plus capables de le compromettre, il offrait à Dieu, pour obtenir cette grâce, nombre de mortifications et des prières ferventes et continuelles.

M. de Kerodern était de ces chrétiens attachés aux choses de la terre et incapables de comprendre le mérite et l'héroïsme de l'humilité et du mépris du monde, tels que les pratiquent ceux qui veulent obéir parfaitement aux conseils de l'Evangile. Il avait cependant trop de foi pour ne pas admirer le zèle de son fils et son éloquence vive et entraînante. On lui entendait dire souvent que les discours de son fils méritaient autant d'éloges, que sa conduite, indigne d'un gentilhomme, lui attirait de blâme. Enfin il plut à Dieu de changer ce cœur aveuglé par cet esprit du monde, dont le Saint-Esprit a dit qu'*il est entièrement enfoncé dans le mal.*

Le lendemain du jour où M. de Kerodern avait poursuivi son fils pour le maltraiter, il se trouva assister à un sermon que fit celui-ci sur les devoirs des pères et des mères envers leurs enfants, et de ceux des enfants envers leurs parents. Le prédicateur fut d'une éloquence simple, forte et touchante. Il s'aperçut que son père avait été ému profondément en l'écoutant. Encouragé par l'espoir de le trouver mieux disposé, il eut la hardiesse d'aller le voir au château.

M. de Kerodern reçut en effet son fils avec un visage et des paroles calmes et même aimables. Se sentant inspiré de profiter de l'occasion pour éclairer son père et l'attirer tout-à-fait à Dieu, Michel employa dans ce but une sainte industrie, telle qu'en ont souvent employée les saints, pour faire des conversions d'autant plus miraculeuses, que la simplicité des figures dont ils se servaient semblait moins capable de toucher ceux qu'ils voulaient ramener à Dieu.

Il mit un peu de terre dans un vase, puis il le remplit d'eau, et pria son père de tâcher d'y voir son visage, après avoir remué l'eau et la terre avec son doigt. M. de Kerodern répondit naturellement que, cette eau étant trouble, il ne pouvait y voir son image. « Il en est de même, lui dit alors son fils, de l'état de votre conscience; vous ne pouvez vous y voir ni reconnaître vos défauts, parce que les affections terrestres et les soins déréglés des choses périssables qui l'occupent, la rendent trouble et obscure. »

La grâce de Dieu donna tant d'efficacité à ces paroles si simples, que M. de Kerodern, touché jusqu'au fond du cœur, conjura son fils de lui enseigner le moyen de travailler tout de bon à son salut. Rien de plus sage que la règle de conduite donnée par maître Michel à son père. Il lui prescrivait de faire passer avant toutes ses autres affaires le soin de sa conscience et ses exercices de piété. Toutes les autres affaires, n'ayant pour fin que le salut, c'est les perdre toutes que de négliger celle-là. L'âme ayant encore plus besoin de nourriture que le corps, il ne faut à aucun prix manquer à se mortifier et à faire tous les jours sa lecture spirituelle, son examen de conscience, sa méditation et ses autres exercices de piété réglés, de même que chaque jour on trouve toujours du temps pour donner des aliments à son corps. « Il faut que vous ne fassiez aucun gain, ni aucune acquisition, qu'après avoir travaillé à rendre votre âme libre de toute avarice, et que vous vous sentiez assez dégagé de toute attache aux biens de la terre, pour *les posséder comme ne les possédant pas.* »

Mais le grand moyen que Michel conseilla à son père, pour arriver en peu de temps à changer tout-à-fait son esprit et son cœur, ce fut la méditation quotidienne des grandes vérités du salut (1).

---

(1) La réception fréquente des sacrements et la méditation quotidienne sont en effet les deux grands moyens que doivent employer les chrétiens fervents pour pouvoir réparer les pertes que fait sans cesse leur âme au milieu du monde, de la dissipation et des affaires. *Si nous ne sommes pas fidèles à faire l'oraison mentale, nos prières vocales sont tièdes et pleines de distractions*... (Saint Liguori.)

Quoi ! notre bon Père céleste nous invite à venir chaque jour nous reposer dans son cœur, recevoir ses consolations et ses grâces infiniment précieuses, et nous lui refusons un quart d'heure de ce temps dont nous perdons tant d'heures !... On s'imagine souvent qu'il est difficile de méditer. C'est là une grande erreur. Faites, cher lecteur, comme une personne de notre connaissance. Depuis longtemps elle était poussée par la grâce à prendre l'habitude de l'oraison mentale ; mais la paresse spirituelle la retenait dans la tiédeur... Je ne sais pas faire la méditation ! cela est trop difficile pour moi ! Je ne saurais fixer mon esprit !... Voilà les prétextes derrière lesquels s'abritait sa lâcheté. Enfin, un jour la grâce triompha. Une instruction simple et touchante sur l'immense utilité de la méditation, et la facilité qu'on trouve à la faire, décida cette

Il rappela près de lui son fils, lui exprima tout son regret de l'avoir traité avec une dureté si injuste, et lui déclara qu'il était résolu de vivre d'après ses avis. La vie de ce bon vieillard ne fut plus qu'un sujet d'édification pour tout le monde. Il se livra aux pratiques de la charité et de la mortification à un degré rare parmi les hommes du monde, et il devint de plus en plus un homme d'oraison ; on sait, entre autres détails, qu'il récitait chaque jour le petit office de sainte Vierge.

Mme de Kerodern ne fut pas plus difficile à gagner à Dieu. Elle avait toujours mené une vie fort chrétienne et pouvait servir d'exemple aux personnes de son sexe par sa modestie, sa piété et le soin de ses

---

âme à essayer de faire oraison. Elle fut toute surprise et charmée de voir que la méditation non-seulement était aisée, mais pleine de douceurs et de joie spirituelle. Depuis ce moment à jamais béni, elle n'a plus omis un seul jour cet exercice, auquel, avec la communion fréquente, elle est redevable, sans aucun doute, du bonheur de connaître Dieu infiniment mieux qu'autrefois, et de l'aimer chaque jour davantage. Faites de même, cher lecteur. Essayez seulement huit jours, en vous servant d'un de ces livres de méditation, comme on en trouve partout, par exemple les *Méditations sur la vie de N.-S. J.-C., selon la méthode de saint Ignace*, *Manrèse*..., et vous verrez que l'oraison mentale est douce et facile. Que ceux qui, par impossible, ne pourraient faire des méditations en forme, prennent un livre sur la Passion, par exemple l'*Horloge de la Passion*, par saint Liguori, et qu'ils en lisent très-lentement un court passage. Leur cœur y trouvera de quoi s'entretenir avec Notre-Seigneur Jésus-Christ.

enfants et de sa maison. Mais quand elle eût commencé à goûter les instructions que lui donnait souvent son fils dans la chapelle du château, quand elle se fut affectionnée entièrement, par son conseil, au mépris du monde, à la lecture des livres spirituels et à celle de la vie des saints, à l'oraison, aux œuvres de charité, elle vécut au milieu du monde comme dans le plus saint cloître. Sa conversation fut plus au ciel que parmi les hommes; elle s'efforçait, non-seulement d'assurer son salut, comme elle le faisait jusque-là trop faiblement, mais de se perfectionner de tout son possible dans le pur amour de Dieu et une union de plus en plus grande avec ce bon Père.

Ce fut une grande joie pour Maître Michel d'avoir été l'instrument de la grâce divine auprès de son père et de sa mère. Il en rendit à Dieu de continuelles actions de grâces. M. de Kerodern termina sa sainte vie cinq années après sa conversion. Mme de Kerodern ne survécut que trois ans à son mari. Elle fut assistée dans ce passage redoutable par son saint fils. D'après le témoignage de Michel, on sentit autour du lit de sa mère, peu de temps avant qu'elle expirât, une odeur merveilleusement douce et agréable, odeur que son corps garda encore après la mort; son visage resplendit d'une beauté et d'une sérénité étonnante; enfin, ce saint prêtre assura (évidemment d'après une révélation), qu'il ne pouvait douter de la gloire de sa pieuse mère, ainsi que de celle de son père, de deux de ses sœurs et de sa nourrice.

XI

Maître Michel et Pierre Quintin chez les Dominicains de Morlaix. — Sortie du premier.

Pierre Quintin, après avoir enfin reçu les ordres sacrés, était entré au noviciat des Pères Dominicains de Morlaix, et y avait fait sa profession religieuse. Il forma le projet d'amener ces Pères à reprendre leur règle primitive dans toute son austérité, qui avait reçu trop d'adoucissements. Il décida Maître Michel à entrer au noviciat pour l'aider à réussir dans sa sainte entreprise. Les deux amis donnèrent dans cette maison l'exemple de toutes les vertus monastiques les plus parfaites. Maître Michel surtout se faisait remarquer par sa ferveur et son esprit de pénitence héroïque. Mais cette vie d'une austérité si extraordinaire parut aux yeux des autres religieux excéder les bornes de la prudence et les indisposa contre le nouveau venu.

Sur ces entrefaites, une jeune fille riche de Morlaix étant venue à mourir, au moment où elle allait se marier, le supérieur des Dominicains, qui, avant son entrée en religion, avait été précepteur des enfants de cette maison, permit à la mère de cette jeune fille de la faire enterrer dans l'église du monastère. Il eut même la faiblesse de laisser exposer au pilier avoisinant le lieu de la sépulture un portrait de la jeune personne. Elle y était représentée dans tout l'éclat de sa beauté, et dans une toilette telle que le luxe et la vanité mondaine savent en inventer, au grand détriment de la modestie et de la simplicité chrétienne. Ce portrait attirait tous les regards et donnait mille distractions aux fidèles. Les pauvres paysans, prenant ce tableau pour celui d'une sainte, venaient s'agenouiller et prier dévotement devant cette peinture profane, ce qui excitait la risée des assistants.

Indigné de ce scandale, Maître Michel demanda la cessation de cet abus; mais ses plaintes réitérées ne purent rien obtenir du supérieur, ni de la mère de la jeune fille. Enfin, cédant à un mouvement de zèle, sans doute inspiré de Dieu, il mit le portrait dans un tel état qu'il n'y avait plus à craindre qu'il continuât d'être une occasion de péchés. La mère, à cette vue, ressentit une violente colère, et demanda vengeance au Supérieur. Quoique Maître Michel eût agi sans témoins, l'amour de la vérité lui fit avouer sans hésiter devant toute la communauté réunie qu'il était l'auteur de cette action. Mais son zèle fut jugé fort imprudent par les religieux déjà indisposés contre lui, et son renvoi du noviciat fut prononcé.

Aussitôt que cette décision fut connue à Morlaix, les bruits les plus malveillants se répandirent sur le compte de Maître Michel, au point que les personnes qui lui étaient les plus favorables disaient qu'il avait l'esprit sensiblement affaibli pas ses études et ses mortifications excessives.

Le saint missionnaire n'eut garde de fuir une ville où il pouvait satisfaire sa soif insatiable des mépris et des affronts. Pour mieux vaincre la nature, il vint demeurer près du monastère d'où il avait été renvoyé. Il rencontrait tous les jours ceux des religieux qui lui avaient été les plus hostiles, il les saluait avec le plus de respect et d'amitié qui lui était possible; et, loin de se plaindre d'eux, il prenait leur défense contre lui-même, et ne perdait aucune occasion de dire du bien d'eux et de leur être utile.

Du reste, il considéra toujours l'humiliation de son renvoi du couvent dominicain comme une faveur particulière de Jésus crucifié; et l'on trouve dans une méditation sur les bienfaits qu'il avait reçus de Dieu, la mention de cette avanie comme d'une des plus grandes grâces dont il ait été favorisé, et dont il devait être le plus tendrement reconnaissant.

Ne semblait-il pas que Maître Michel et son cher disciple avaient absolument échoué dans leurs saintes tentatives de ramener les Dominicains de Morlaix à toute l'austérité de leur règle primitive? Mais la Sagesse divine sait atteindre son but par des moyens opposés à ceux que choisirait la prétendue sagesse du monde, qui n'est que folie! Il arriva que la vue de la patience angélique avec laquelle les deux amis supportèrent leurs épreuves, leur sainteté et leur charité merveilleuses, finirent par faire impression sur les religieux dominicains; et l'on vit refleurir dans cette maison toute la ferveur et l'austérité primitives.

Maître Michel s'occupa, aussitôt qu'il fut sorti du noviciat des Dominicains, à catéchiser les enfants. Il se vit alors entouré d'une foule de personnes de tout âge et de toute condition, avides de profiter de ses instructions. Mais outre ces instructions publiques, il reçut de son Evêque la permission d'en faire d'autres dans une chapelle de la ville, et dans les maisons particulières, pour porter les âmes à une plus grande perfection. Il en gagna ainsi un grand nombre, et l'on a remarqué que toutes les personnes qui avaient commencé à goûter la douceur de sa doctrine et de sa direction, n'ont plus abandonné le chemin de la perfection et se sont élevées de vertus en vertus avec une constance et un courage étonnants.

XII

Conversion et admirable vie de Mademoiselle de Quisidic et de Marguerite Le Nobletz.

Parmi les personnes que Maître Michel convertit et amena à servir Dieu de la manière la plus parfaite, pendant qu'il évangélisait Morlaix, nous ne pouvons nous dispenser de dire quelques mots de Mlle de Quisidic et de Marguerite Le Nobletz, sœur du saint missionnaire.

Françoise de Quisidic était jeune, jolie, riche et noble ; et comme à ces avantages extérieurs elle joignait les dons de l'esprit, on devine facilement qu'elle avait beaucoup de succès dans le monde, auquel elle était, du reste, fort attachée. Elle alla entendre un des premiers sermons de Maître Michel, et la grâce la changea aussitôt, au point qu'elle renonça immédiatement au fond de son cœur à toute attache aux vanités mondaines. Elle alla aussitôt trouver le prédicateur, avec de si bonnes dispositions que, dès ce premier entretien, il la décida entièrement à mépriser le monde, et à s'attacher uniquement à la croix de Jésus-Christ.

Trouvant cette âme remplie de générosité et toute disposée à lui obéir avec une soumission d'enfant, il la fit d'abord entrer dans le tiers-ordre de Saint-François, pour l'engager dans la profession publique de l'humilité chrétienne. Il alla ensuite trouver la mère de Mlle de Quisidic, et lui dit : « Madame, j'ai choisi un époux à votre fille ; c'est le plus accompli du monde ; elle avait déjà pour lui beaucoup d'inclination ; et il ne l'empêchera pas de demeurer avec vous, et d'avoir pour vos vieux jours les soins les plus assidus. Cet époux n'est autre que Jésus-Chist, auquel elle veut se consacrer par un mépris universel pour toutes les choses de la terre. » Maître Michel fit si bien par ses paroles prudentes et enflammées, qu'il obtint de Mme de Quisidic son plein assentiment aux saints projets de sa fille.

Ce sage directeur reconnut que Dieu destinait cette âme à une sainteté extraordinaire; il lui fit donc subir des épreuves extraordinaires. Il attaqua d'abord en elle la vanité et l'esprit du monde dont elle avait été profondément atteinte; et il lui fit commencer ce combat par une victoire vraiment héroïque, qui peut donner une merveilleuse idée de la trempe de cette âme. Il lui fit renoncer d'un seul coup à tous ses vêtements élégants sans exception, et lui fit prendre une robe de grosse bure grise avec une ceinture de chanvre, et un petit manteau de même étoffe et de même couleur que la robe. Puis il lui ordonna d'aller voir, dans cet accoutrement, ses amies de Morlaix et ses parents qui habitaient les châteaux les plus voisins.

Cette généreuse fille obéit malgré la confusion extrême qu'elle dut ressentir, malgré les railleries et les affronts que lui attira une résolution si extraordinaire. Mais aussi cette victoire si difficile servit merveilleusement à l'établir dans ce mépris généreux du monde, qui devait être le fondement de sa perfection. Admirons cet acte de vertu qui n'est pas à notre portée, et apprenons au moins à imposer à notre vanité quelques sacrifices légers.

Maître Michel fit ensuite présent à Mlle de Quisidic de quelques instruments de pénitence, pour qu'elle ne se contentât pas des douleurs que Dieu lui enverrait, et s'en imposât de volontaires. Il lui donna une tête de mort ornée de beaux cheveux blonds frisés à la mode, pour imprimer vivement dans son esprit le peu de différence qu'il y a entre la vie et la mort, entre la plus belle personne et le squelette le plus difforme. Elle méditait en face du crucifix et de cette tête de mort; elle s'entretenait avec elle de cette façon :

« — Quelle était autrefois ta position dans le monde ? Etais-tu noble, bourgeoise, paysanne, riche ou pauvre, honorée ou méprisée ? »

« — *Ma coiffure fait encore juger que j'étais riche, et que j'avais quelque beauté à conserver.* »

« — Qui pourrait te distinguer d'avec la plus misérable et la plus méprisable personne du monde, si je t'avais ôté ces cheveux qui ne sont pas à toi ? »

« — *La mort nous fait tous égaux.* »

« — Où sont tes perles, tes pendants d'oreille, tes dentelles, ton fard et tes autres ornements d'emprunt ? »

« — *Il ne m'en reste plus rien.* »

« — Que sont devenus ces yeux si charmants, ce front si poli, ces sourcils si étudiés, ces lèvres si vermeilles, ce teint si frais, et qui te donnait tant de peine à conserver. ? »

« — *Mes peines et mes soins n'ont servi de rien, et la mort en a plus détruit en un moment que je n'en avais pu conserver par mes efforts de plusieurs années.* »

« — Qu'as-tu fait de cette bouche si délicate en fait de mets, et de cette langue si causante, si prompte aux réparties, si lente pour la prière, et si mobile pour les paroles de médisance, de mépris, de vanité, ou pour les discours peu honnêtes ? »

« — *C'est cette partie par laquelle j'ai commencé à pourrir et à être mangée des vers.* »

« — Du moins n'as-tu rien retenu de tes joies et

des divertissements du monde que tu recherchais sans cesse ? »

« — *Il ne m'en reste qu'autant de souvenirs qu'il m'en faut pour me tourmenter.* »

« — Quoi ! ces vœux qu'on t'adressait, ces amitiés inviolables et perpétuelles, ces caresses qu'on t'assurait ne devoir jamais cesser, ces services éternels qu'on jurait te vouloir rendre, cette idolâtrie dont tu étais l'objet comme si tu avais été une déesse, tout cela a t-il pu finir si tôt ? »

« — *Tout cela n'était qu'une vaine fumée dont je n'ai pu rien retenir. Vanité des vanités, tout n'est que vanité excepté le royaume de Dieu et le service qu'on lui rend.* »

« — Mais est-il bien possible que le monde, auquel tu t'étais si fortement attachée, et qui de son côté t'était si favorable, t'ait entièrement abandonnée ? »

« — *Le monde est un trompeur ; c'est un traître avec lequel il n'y a aucune sûreté. C'est un tyran cruel, qui nous tourmente en nous flattant, et dont les fausses amorces contiennent beaucoup de véritables déplaisirs, et sont suivies de douleurs infinies.* »

« — Que voudrais-tu donc avoir fait au lieu de l'avoir servi ? »

« — *Une austère pénitence. Mais hélas ! le temps en est passé. Une éternité de regrets déchirants et de tourments effroyables, voilà mon partage !.....* »

Après cet entretien et d'autres semblables, Françoise de Quisidic s'interrogeait elle-même, et se demandait : « Crois-tu que ta tête sera réduite quelque jour au même état que celle-ci ? Sais-tu quand, où, et de quelle manière arrivera ce moment terrible? Ne pourrais-tu pas trouver le moyen de te conserver, après la mort, quelque chose de ta fortune, quelques joies et quelques satisfactions de ce monde, quelques parents ou quelques amis? Ne pourrais-tu pas au moins, au cas où tu ne te trouverais pas bien de ta situation après la mort, ne pourrais-tu pas penser à en chercher une meilleure? Ne pourrais-tu plus alors faire quelque œuvre utile à ton salut? En perdant ton âme, perdrais-tu tout le reste?..... » Elle se faisait les réponses les plus propres à toucher son cœur, puis prenait des résolutions pratiques, surtout celle de changer parfaitement de vie, et de faire tout de suite ce qu'elle voudrait à la mort avoir fait pendant sa vie.

Ces méditations et la direction de Maître Michel changèrent si parfaitement le cœur de Françoise de Quisidic, qu'elle mena la vie la plus sainte qu'on puisse imaginer. Elle faisait trois heures d'oraison le matin, et autant le soir. Elle donnait tout le reste de la journée au travail, suivant cette maxime, quelle tâchait d'inculquer aux autres, qu'il est impossible qu'une femme qui ne s'occupe pas à quelque ouvrage honnête ne tombe pas en quantité de péchés que l'oisiveté entretient après les avoir fait naître. Elle châtiait son corps par des jeûnes fréquents et des pénitences nombreuses.

Sa charité envers le prochain était sans bornes. Elle rendit à sa mère pendant trente années, jusqu'à sa mort, les soins les plus assidus et les plus humbles; elle secourut de tout son pouvoir tous ceux qui étaient dans le besoin et l'affliction. Non seulement elle leur donnait tout ce qu'elle avait, mais elle quêtait pour les soulager. Elle trouva moyen d'arracher au vice plusieurs de ses victimes, qui menèrent depuis une vie édifiante. Elle prenait chez elle de pauvres femmes malades ou très-pauvres et les soignait avec un respect et une affection qui montraient assez qu'elle voyait Jésus-Christ lui-même dans ses membres affligés. Un jour elle recueillit ainsi une pauvre femme toute rongée d'écrouelles, et la fit coucher dans un lit tout à côté du sien, pour pouvoir la soigner nuit et jour avec plus de promptitude. Elle recueillit encore une vieille dame réduite à la mendicité par l'inconduite de son mari; elle lui donna une chambre, la nourrit et la servit avec la plus grande sollicitude jusqu'à l'âge de quatre-vingt-dix ans, sans se rebuter de ses infirmités et de son caractère chagrin et exigeant.

Françoise étant tombée malade, Mme de Tronjolly, qui avait pour elle une estime et une affection profondes, voulut l'avoir chez elle et la soigner; et après sa guérison elle la conjura de demeurer avec elle jusqu'à sa mort, lui promettant de la traiter comme sa propre mère. Mais Françoise n'osa accepter cette offre si touchante; parce que, dit-elle, elle se croyait appelée à imiter la pauvreté du Sauveur, d'une manière beaucoup plus parfaite qu'elle ne pourrait le faire dans cette maison. Elle alla en effet habiter dans une chambre pauvrement meublée, pas même tapissée et sans cheminée.

A l'âge de quatre-vingts ans, Françoise reçut de la sainte Vierge, qu'elle avait toujours aimée et servie de tout son cœur, la certitude que sa vie ne durerait plus que deux années. Elle se prépara à paraître devant Dieu par un redoublement d'austérités et de prières, et mourut en effet à l'époque qu'elle avait annoncée (le 29 octobre 1659), pleine de jours et de mérites. Sa vie est une preuve frappante de la vérité de cette promesse du Saint-Esprit : Pensez à la mort, et vous ne pécherez jamais. (Ecclé., VII, 40.)

Marguerite Le Nobletz, à l'époque où son frère évangélisa la ville de Morlaix, était âgée de vingt-cinq ans. La nature lui avait prodigué les qualités les plus solides et les plus brillantes, intelligence, esprit, sensibilité et beauté. Malheureusement son cœur était beaucoup moins occupé du désir de plaire au Créateur qu'aux créatures.

Le frère de Marguerite offrait à Dieu des prières et des mortifications continuelles pour tous ses parents, mais surtout pour cette sœur bien-aimée, qui seule de toute sa famille ne l'avait jamais abandonné, et qui était la plus exposée aux dangers du monde. Dieu accorda enfin à Maître Michel cette grâce qu'il demandait avec tant de ferveur.

Quelle ne fut pas la joie du saint missionnaire lorsqu'il vit sa sœur bien-aimée animée du plus ardent désir de se donner toute à Dieu, et décidée à suivre sa direction avec une docilité parfaite ! Il commença par la détacher du monde et de ses vanités, et lui fit embrasser avec générosité la pratique de toutes les vertus. Elle se dépouilla, par son conseil, tantôt d'un collier de perles, tantôt de ses pendants d'oreilles, puis de ses dentelles, et enfin de toutes ses autres parures ; c'est ainsi qu'il la conduisait par degrés à un parfait détachement de toutes les vanités qui lui avaient été si chères.

Il restait à Marguerite un diamant de prix. Elle le donna sans peine, par l'ordre de son frère, à une pauvre mendiante. Mais quelques jours après, au moment de donner à une autre pauvre femme sa dernière robe de soie, elle sentit un combat terrible se livrer dans son cœur. Le démon fit un dernier et violent effort pour retenir cette âme qui lui échappait.

Elle fut victorieuse, mais non sans un effort héroïque, que Dieu récompensa, comme cela arrive d'ordinaire, par une grande facilité à remporter de semblables victoires, et par cette joie spirituelle, qui rend au centuple ce qu'on a quitté pour son amour.

Aussi ce fut avec un vrai plaisir que Marguerite se défit ensuite de tout ce qui lui restait de meubles et d'habits élégants. Elle abandonna même le château de Kerodern pour venir à Morlaix, près de son frère, embrasser une vie plus austère. Quelle ne fut pas la joie de Maître Michel lorsqu'il vit arriver sa sœur, habillée en pauvre paysanne! Le long du chemin elle avait rencontré une pauvre femme de la campagne, et changé d'habits avec elle, en lui abandonnant tout ce qu'elle avait sur elle. Elle avait en même temps coupé ses beaux cheveux, qu'elle avait fait servir à sa vanité avant sa conversion, et qu'elle entretenait et soignait jadis avec tant de sollicitude. Jamais elle ne plut tant à son frère que lorsqu'il la vit ainsi avec les livrées de la pauvreté.

Pour la perfectionner dans les vertus de la Croix

qu'elle venait d'embrasser si courageusement, il la mit sous la direction de Françoise de Quisidic. Elle ne pouvait être à meilleure école. Pour la mettre tout de suite et absolument au dessus de tout respect humain et la faire fouler aux pieds les maximes du monde, Françoise décida Marguerite à se vêtir d'une grosse robe grise, sans aucun pli ni aucune façon, plus semblable à un sac de pénitent qu'au vêtement d'une femme de son rang. Puis, lui donnant une besace de toile, et lui mettant à la main une écuelle de bois, elle la mena en cet équipage, un jour de grande fête, par toutes les églises de la ville, en disant à tout le monde : « Ayez pitié de cette pauvre fille qui a perdu l'esprit. Faites-lui la charité, pour l'amour de Dieu ! »

Marguerite reçut en effet beaucoup d'aumônes, qu'elle distribua toutes aux pauvres le même jour. Mais on peut deviner qu'elle fit ce jour-là à Dieu un sacrifice infiniment plus difficile. Mais elle supporta sans faiblir cette extrême confusion, confusion qui allait à son comble chaque fois qu'elle rencontrait quelque personne de sa connaissance. Cet acte héroïque de Marguerite causa un singulier étonnement parmi ses parents et ses amis. La colère de quelques-uns des plus mondains en vint à ce point que l'un d'eux, furieux contre Maître Michel, qu'il devinait bien être l'instigateur de la conduite de Marguerite, essaya deux fois de tuer le saint missionnaire.

La victoire généreuse que remporta Marguerite Le Nobletz affermit son cœur à ce point, que tout le reste de sa vie l'esprit du monde, la vanité et le désir de paraître n'eurent plus aucun empire sur elle. Pour la faire progresser de plus en plus dans cette humilité héroïque, son frère la mit en pension pour un an chez une pauvre femme. Elle partageait la nourriture grossière et misérable de son hôtesse, et elle apprenait d'elle à confectionner des vêtements pour les paysannes, dans le but de gagner, par cet humble métier, de quoi assister les pauvres, auxquels elle distribuait en outre tous ses revenus.

Maître Michel cultiva l'âme de sa sœur avec un soin extrême; et cette excellente terre rendit au centuple la semence divine qu'il y déposait. Elle suivait avec une fidélité inviolable les règles de conduite qu'il lui avait données. Il lui écrivait fréquemment des lieux où il faisait mission, pour lui donner des avis, souvent pour modérer sa ferveur et les pénitences excessives qui auraient bientôt ruiné sa santé, si elle n'eût été parfaitement soumise à sa direction si pleine de prudence.

Il faudrait un volume entier pour raconter toutes les merveilles qu'opéra la grâce dans cette âme d'élite. Contentons-nous de quelques traits tirés de sa vie écrite par son illustre frère.

L'amour de Marguerite pour la pauvreté du Dieu de la crèche lui faisait imiter de tout son possible le dénuement absolu du Sauveur enfant. Ainsi elle employait tout ce qu'elle avait à secourir les pauvres et les malades, et à ensevelir les morts ; (elle obéissait en cela à la direction de son frère, sans l'ordre duquel elle s'était engagée à ne disposer de rien); elle fuyait la table et les maisons des personnes riches. Aussitôt qu'elle arrivait quelque part, elle cherchait quelque pauvre chaumière pour s'y loger. On l'a même vue demeurer longtemps à Douarnenez dans une étable, ce qui la comblait de joie. Elle n'avait là d'autre nourriture que celle des plus pauvres paysans. Elle faisait elle-même le pain d'orge dont elle vivait, et rendait à tout le monde les plus humbles services, et voulait être traitée comme la personne la plus méprisable.

L'obéissance de Marguerite envers son frère était aussi parfaite que celle de la religieuse la plus soumise à l'égard de son directeur. Depuis sa conversion, cette âme éprise des charmes de la virginité, avait renoncé aux alliances de la terre pour ne servir que le Dieu de toute pureté.

Qui croirait qu'une personne qui poussait si loin l'amour de l'obéissance et de la virginité, aurait été sur le point de s'engager, à l'insu de son directeur, dans les liens du mariage, état pourtant si opposé à sa vocation? Un jeune homme, aussi riche des dons de l'esprit que de ceux de la fortune et qui se faisait remarquer par sa grande piété, rechercha secrètement Marguerite Le Nobletz, dont il admirait les grandes qualités, mais surtout la sainteté étonnante. Au lieu d'attendre le retour de son frère momentanément absent, Marguerite, sans le consulter, agréa ce pieux jeune homme; et ils échangèrent une promesse de mariage.

Comme il arrive ordinairement aux personnes de conscience, Marguerite se laissa entraîner par une raison spécieuse; elle se disait que cette alliance la mettrait en position de faire bien plus abondamment l'aumône aux malheureux.

Dieu seul avait été témoin de l'engagement réciproque des deux jeunes gens. Ce bon père veillait sur Marguerite. Il révéla à Maître Michel la faute de sa sœur. Peu de jours avant le temps fixé pour les noces, elle reçut une lettre du saint missionnaire. Il était alors à Douarnenez, et écrivait à sa sœur de venir près de lui, profiter des exemples de quelques femmes qui menaient une vie d'une rare sainteté, et dont elle pourrait seconder le zèle ardent.

Aussitôt que Marguerite parut devant son frère, il lui dit d'un ton assuré : « Ma sœur, donnez-moi la bague que vous avez reçue de votre fiancé. » Et il lui nomma ce jeune homme.

Quelles ne furent pas la surprise et la confusion de Marguerite ! Les paroles de son frère firent tomber le bandeau qu'elle avait sur les yeux. Elle reconnut sa faute, et en demanda pardon à Dieu et à son directeur avec une humble confusion. Elle perdit pour le reste de sa vie toute pensée de mariage, et obtint de son frère la permission, qu'elle demandait depuis longtemps, de prononcer le vœu de chasteté perpétuelle.

Quoique son frère lui assurât qu'il aimait bien mieux l'avoir vue tomber dans cette surprise, que dans l'esprit d'orgueil, elle voulut cependant expier sa faute en augmentant ses austérités. Elle obtint la permission de traiter son corps avec plus de rigueur qu'auparavant. Trois fois la semaine elle prenait la discipline jusqu'au sang, et portait un rude cilice. Quant à sa nourriture, elle en prenait si peu et de si grossière qu'on s'étonnait qu'elle pût vivre ainsi.

Mais outre ces douleurs volontaires, outre les

peines qui étaient attachées aux exercices de son zèle, elle recevait avec une patience invincible celles qui lui venaient de la part de Dieu ou des hommes. Elle les désirait avec ardeur, et les demandait comme des grâces insignes. La vie même ne lui était supportable qu'autant qu'elle lui donnait des occasions d'endurer de la honte ou des douleurs; et la prière qu'elle avait le plus souvent à la bouche était celle-ci :

Mon Jésus, ou douleurs ou mépris, ou mourir!
Qui peut vivre sans vous ne peut assez souffrir!

La bonté du Sauveur crucifié lui accordait libéralement cette grâce; et loin de se rebuter des afflictions continuelles par lesquelles il la visitait tous les jours, elle se fût regardée comme délaissée de lui s'il ne l'eût favorisée de cette manière. Les mépris et les injures lui donnaient tant de joie que son visage trahissait l'allégresse de son âme; et c'étaient les personnes qui lui avaient fait le plus de peine, qu'elle assistait avec le plus d'empressement et de prévenances.

Sa patience ne fut pas seulement exercée par les hommes; mais Dieu permit aussi que l'esprit de ténèbres la tourmentât pendant ses saintes retraites. Lorsqu'elle commençait ses prières, il la jetait rudement contre les murailles de sa chambre, ou l'interrompait par des bruits et des hurlements épouvantables. Au commencement, Marguerite était en proie à des frayeurs extrêmes, car dans son humilité elle n'attribuait jamais qu'à ses péchés tout ce qu'on lui faisait souffrir.

Une bonne fille que Marguerite instruisait, fut témoin de la rage du démon contre la servante de Dieu. Pendant tout un carême que cette fille demeura avec Marguerite Le Nobletz, elle vit souvent cet ennemi des Saints se présenter tantôt comme un voleur qui entrait par la fenêtre, tantôt avec la figure de Maître Michel, d'autres fois sous la forme de bêtes monstrueuses. Elle le voyait bouleverser les meubles; d'autres fois lorsque Marguerite prenait la discipline, il se moquait d'elle, ou faisait un grand bruit, analogue à celui qu'auraient fait plusieurs personnes se livrant à la même pénitence. Souvent, lorsqu'elle était dans la ferveur de ses prières, sa chambre était tout-à-coup remplie d'un grand bruit de voix confuses, comme lorsqu'un grand nombre de personnes réunies parlent toutes ensemble.

Marguerite profitait de ces persécutions, et les offrait à Notre-Seigneur, qui récompensa enfin sa constance par une grande intrépidité au milieu de toutes les attaques des démons. Elle se moquait de leurs vains efforts, et les chassait honteusement par le signe de la croix.

Elle ne craignait au monde que le péché, et c'était surtout de ses atteintes qu'elle prenait soin de se défendre. Son extrême délicatesse de conscience lui en faisait ressentir vivement les moindres taches, même celles qui provenaient de surprise.

Toute sa vie était un mélange continuel d'action et d'oraison; ce qui lui permettait, en agissant, de demeurer unie à Dieu et d'éviter la dissipation ; et en priant, de ne pas tomber dans les dégoûts, qui se mêlent quelquefois à la prière trop prolongée. Le travail manuel et les œuvres de charité ne lui faisaient point perdre la vue habituelle de Dieu, pour qui seul elle travaillait. Elle élevait souvent vers lui son esprit et son cœur par de vives et courtes aspirations, capables de sanctifier les actions les plus indifférentes.

Assurée de moins perdre la solitude du cœur, et de s'exposer moins aux dangers des exemples et de la vanité du monde, en fréquentant les pauvres, elle ne logeait jamais chez les riches, si elle ne les savait pas en même temps riches en vertus, et elle évitait les longues conversations avec ses parents et ses connaissances riches et nobles, à moins qu'elle n'y fût poussée par le zèle de leur salut. Elle fuyait, du reste, les longs discours, même avec les personnes pieuses auxquelles elle avait affaire.

Il n'entrait jamais aucun homme dans sa chambre, qui était comme un sanctuaire, où elle ne laissait pénétrer aucune conversation du monde, ni aucune parole inutile. Toujours la prière précédait et terminait l'entretien.

Marguerite fuyait la foule avec grand soin, et n'allait qu'aux lieux de dévotion les moins fréquentés. Elle ne vivait absolument que pour Dieu. Son détachement des créatures était si parfait, qu'elle en arriva à ce point d'avoir plus de peine à parler des choses du monde et à y penser, que n'en ont les mondains à s'occuper sérieusement des choses du ciel.

C'est notre attache désordonnée aux créatures qui nous donne toutes nos inquiétudes, nos tristesses, nos craintes et toutes ces passions qui troublent notre paix. Aussi, dégagée de tous ces liens terrestres, Marguerite jouissait d'une paix admirable ; et son *cœur purifié* parfaitement *voyait Dieu* en toutes choses. Elle était illuminée par les rayons d'une sagesse surnaturelle, qui lui faisait regarder toutes choses dans leur principe. Son courage héroïque à vaincre entièrement la nature corrompue fut récompensé par de grandes consolations et une familiarité étonnante avec Notre-Seigneur, faveurs, du reste, qui ne lui ôtèrent rien de cet humble sentiment et de cette défiance d'elle-même, partage de tous les Saints.

Quoique sa charité pour les âmes rachetées du sang de son Maître bien-aimé fût universelle, elle prit cependant un soin particulier des pauvres femmes et des filles de la campagne, qu'elle voyait plus délaissées et plus disposés à recevoir la grâce ; puis, elle trouvait moins de satisfaction et d'intérêt naturels à s'occuper de ces âmes petites aux yeux du monde. Elle contribua ainsi merveilleusement aux fruits qu'a faits son frère dans la Basse-Bretagne. Il avait coutume de la faire venir dans ses missions, lorsqu'il voyait la plupart des personnes qu'il évangélisait disposées à se convertir. Cette généreuse fille, par ses soins, son zèle, sa bonté, sa douceur et sa prudence, s'insinuait si heureusement dans les esprits, et gagnait les cœurs d'une manière si efficace, qu'on voyait partout s'opérer des changements admirables.

Elle ne se contentait pas d'instruire suffisamment les personnes de son sexe et de les disposer à faire des confessions générales, elle en portait un certain nombre aux pratiques les plus saintes de la vie spirituelle. Elle eut ce bonheur surtout à Morlaix, à Douarnenez et au Conquet, villes où elle trouva un plus grand nombre de ces âmes choisies qui tendaient généreusement à la vie la plus parfaite.

Elle se logeait ordinairement chez quelque pieuse veuve, dans une maison séparée de celle de son frère; ces deux saintes âmes gardèrent toujours, en effet, ce détachement dans la sainte union que la charité avait établie entre elles. Cette maison devenait aussitôt le rendez-vous des enfants, auxquels elle apprenait la doctrine chétienne avec un soin et une application sans bornes, et des femmes qui venaient s'instruire de la pratique des vertus les plus héroïques.

Imitatrice des saintes industries dont son frère se servait pour amener les âmes à Dieu, Marguerite employa, un jour, pour les sauver ce que l'amour du plaisir avait inventé pour les perdre. Les jeunes gens de Douarnenez, ainsi que tous les Bretons, avaient une extrême passion pour la danse. Les filles de cette petite ville passaient avec les garçons, dans ce divertissement criminel, toute la journée des fêtes et des dimanches, et même les nuits suivantes; de sorte que n'assistant à aucunes des instructions qui se faisaient ces jours-là, il devenait impossible de les ramener à la pureté et à la sainteté de l'Evangile.

Voici comment s'y prit Marguerite Le Nobletz. Elle alla un dimanche attendre toutes ces jeunes filles sur le chemin par lequel elles devaient passer pour se rendre à une place hors de la ville, où l'on avait coutume de danser. Elle en gagna quatre ou cinq, en leur promettant qu'elle leur ferait passer le temps d'une façon qui aurait pour elles le mérite de la nouveauté, et avec plus de plaisir qu'elles n'en avaient jamais eu. Puis elle engagea ces jeunes filles à lui amener le plus grand nombre possible de leurs compagnes.

Elles se réunirent au lieu que Marguerite leur avait désigné. Ne voulant pas les priver entièrement, dès le premier jour, de leurs plaisirs habituels, elle se mit à les faire danser en leur chantant des airs gais et agréables, mais où il n'y avait que des paroles fort décentes, chansons qu'elle avait apprises exprès pour la circonstance. Ces jeunes filles s'amusèrent ainsi beaucoup plus que lorsqu'elles dansaient au son des instruments.

Après avoir ainsi dansé ces rondes, Marguerite jouait avec elles, et leur apprenait divers petits jeux innocents qui avaient pour elles l'attrait de la nouveauté, et auxquels elle perdait exprès pour attirer et s'attacher son monde. Bref, elle gagna tout-à-fait l'amitié de ces jeunes filles par son amabilité et son enjouement, et par les innocents amusements qu'elle leur procura.

On pense bien que le dimanche suivant, les récits de ces jeunes filles attirèrent toutes leurs camarades; de sortes que les joueurs de cornemuse se trouvèrent tout seuls. Cette journée se passa comme la première, en amusements innocents qui furent tout-à-fait du goût de ces jeunes fille; de sorte qu'il fut facile, le troisième dimanche, de les faire passer à des divertissements plus utiles.

Après une ou deux heures de danse, Marguerite leur offrit de changer d'exercice ; « car, leur dit-elle, les plus grands plaisirs ne sont plus des plaisirs, quand il durent trop longtemps; on s'en fatigue à la longue ; et c'est la variété qui fait qu'on trouve de l'amusement dans ses jeux. » Elle conduisit son monde dans un endroit où étaient exposées ses peintures des quatre fins dernières de l'homme ; puis elle leur expliqua avec tant d'onction et d'intérêt la vanité et les dangers des plaisirs mondains, l'effrayante justice des jugements de Dieu, et l'obligation de se faire instruire des vérités de la religion, que toutes ces jeunes filles, touchées par la grâce divine, prirent de grand cœur la résolution de revenir entendre ces explications tous les dimanches.

Ce fut ainsi que Marguerite Le Nobletz dégoûta ces jeunes filles de la danse, et fit naître dans leur cœur l'attrait pour la piété ; de sorte que les joueurs d'instruments ne trouvèrent plus rien à gagner à Douarnenez ni aux environs.

Voyant toutes les jeunes filles de ce pays venir avec un empressement si grand se faire instruire des vérités du salut, Marguerite ne se contenta pas de les porter à une vie chrétienne. Elle voulut amener plusieurs âmes d'élite à une plus grande perfection et à une austérité peu commune.

Un jour elle prit à part sept ou huit de ces jeunes filles. Elle leur fit d'abord une instruction pathétique sur les supplices de l'enfer et du purgatoire, supplices que souffrent ceux qui n'ont pas expié leurs fautes dans cette vie ; elle leur peignit avec force les douleurs inconcevables que nos péchés ont fait endurer au Fils de Dieu, la nécessité de faire pénitence, pénitence qui doit suppléer à ce qui manque, en un sens, aux souffrances du Sauveur, dont nous devons nous appliquer les mérites par nos propres souffrances.

Après cette exhortation, Marguerite ferma les fenêtres et les portes, et joignant l'exemple aux conseils, elle se donna la discipline avec tant de « ferveur », que ces pauvres filles, toutes émues et entraînées, embrassèrent avec ardeur la pratique de la pénitence; et arborant avec courage l'étendard de la Croix de Jésus-Chriet et du mépris du monde, elles entraînèrent à leur suite bon nombre d'autres femmes courageuses, dont l'exemple contribua beaucoup à sanctifier les populations de Douarnenez.

La charité de Marguerite ne s'étendait pas moins aux misères temporelles de son prochain qu'aux besoins de son âme. Sachant que le plus souvent on rend dociles aux avis salutaires ceux dont on soulage les misères corporelles, elle s'occupait des malades et des malheureux avec un dévouement et une affection vraiment admirables. Elle se refusait tout pour faire l'aumône. Son frère ne lui permettant pas de distribuer le capital de sa fortune, elle en donnait tout le revenu, puis elle allait quêter pour les besoins des pauvres. Elle s'associait à plusieurs personnes dévouées, pour découvrir les nécessiteux et les malades et pour en avoir soin.

Il fallait la voir préparer elle-même la nourriture et les remèdes pour ses chers pauvres du bon Dieu, les servir, faire leur lit, leur rendre les services les plus rebutants. Elle faisait tout cela avec une joie telle, que les femmes qui avaient le plus d'aversion pour ces œuvres, peu attrayantes pour la nature, il faut bien l'avouer, se mettaient bientôt de la partie, entrainées par cet exemple, et finissaient par y prendre le même goût que cette admirable servante de Jésus pauvre et souffrant.

Elle avait toujours avec elle quelque pauvre orpheline, qu'elle instruisait et élevait à ses frais. Sans cesse auprès des moribonds, elle les portait à Dieu avec un succès vraiment extraordinaire ; elle avait pour cela une méthode que son frère lui avait donnée.

Sa charité paraissait encore daus ses jugements pleins d'indulgence relativement aux actions de son prochain. Elle excusait ses défauts de son mieux, et prenait tout en bonne part. Quand les fautes des autres étaient trop publiques pour qu'on pût les nier, elle excusait au moins l'intention, (ce qu'on devrait toujours faire en pareil cas). Elle disait qu'il fallait espérer que les coupables se convertiraient un jour, et que leur retour serait plus glorieux à Dieu que l'innocence de plusieurs autres qui n'auraient jamais tombé dans le péché mortel. Enfin, elle priait avec ferveur pour ces pauvres pécheurs.

Marguerite avait consumé sa vie dans l'exercice de la charité, elle la finit dans la pratique de cette vertu ; on peut même dire qu'elle mourut martyre de la charité. Depuis quelque temps, elle soupirait incessamment après la fin de son exil sur la terre; elle était consumée du désir de s'unir à Jésus-Christ. Lorsque sa couronne fut complète, Dieu lui accorda l'objet de ses demandes ardentes.

Le jour de saint Laurent, fête qu'elle célébrait avec une dévotion particulière, parce que c'était l'anniversaire du jour où elle avait quitté la maison paternelle pour vivre dans le parfait mépris du monde, Marguerite alla visiter Clémence Le Goff, cette sainte femme dont nous parlerons bientôt, et qui était malade à l'extrémité. La mourante était nécessaire à cinq petits enfants, qu'elle élevait avec grand soin dans l'amour de Dieu. Marguerite, émue de compassion pour cette famille affligée, pria Dieu de vouloir bien lui faire boire ce calice à la place de Clémence le Goff. Elle s'offrit du fond du cœur pour recevoir, à la place de cette pauvre mère, la fièvre, les douleurs de la maladie, et la mort même.

Dieu *qui est charité*, agréa cette prière d'une héroïque charité. La mourante fut instantanément guérie ; et au même moment, Marguerite fut atteinte d'une maladie absolument semblable, et aussi intense que celle qui quittait subitement Clémence Le Goff. Pendant cinq semaines, elle eut une fièvre continue, avec une grande inflammation à la gorge, et de violentes douleurs par tout le corps.

Elle passa tout ce temps sans donner le moindre signe de tristesse ni d'impatience, montrant au contraire beaucoup de joie. La pensée qu'elle allait enfin posséder sans partage l'objet de son unique amour, la ravissait, et semblait la rendre insensible à toutes ses souffrances.

Les démons ne manquèrent pas cette occasion d'attaquer encore une fois celle qui avait triomphé si souvent de leurs assauts. Ils tâchaient d'effrayer Marguerite par des bruits épouvantables. Mais la faiblesse de son corps ne lui fit rien perdre de la fermeté de son âme, ni de sa parfaite confiance dans la puissance et la bonté de son divin Epoux. Elle rassurait la personne qui la gardait la nuit, en lui disant que ceux que Dieu même gardait par sa grâce n'avaient rien à craindre de toutes les puissances des ténèbres.

La maladie de Marguerite n'empêcha pas son frère, qui en prévoyait cependant l'issue, de faire, peu de jours après qu'elle en fut atteinte, un voyage au Conquet, où l'appelaient quelques affaires de charité. Le confesseur de Marguerite, voyant le mal et le péril augmenter, en donna avis à son frère, dans les mêmes termes dont usèrent Marthe et Marie pour prévenir Notre-Seigneur du danger de Lazare : « Celle que vous aimez est fort mal ! » Puis, il conjurait Maître Michel de venir assister sa sœur dans ce redoutable moment.

Mais le saint homme qui savait que sa sœur ne manquait pas de consolations surabondantes de la part de Dieu, ne crut pas devoir quitter le soin des âmes qu'il était venu sauver au Conquet ; et il ne répondit au messager envoyé par le confesseur de Marguerite, rien autre chose que ces mots : « Vous enterrerez ma sœur au bas de l'église de Plouaré, avec les plus pauvres de la paroisse, comme elle l'a demandé. »

— « Mais, lui répliqua le messager, votre sœur n'est pas encore morte ; il peut lui rester encore quelques jours à vivre, pendant lesquels elle aura grand besoin de votre assistance. »

Faites ce que je vous recommande, répondit Maître

Michel; et qu'on exécute la dernière volonté de la malade, par rapport à sa sépulture. » Il parlait ainsi par une vue prophétique de ce qui devait arriver quelques jours après.

La malade fut à l'agonie pendant neuf jours. Tout ce temps elle fit continuellement des actes de foi et d'amour de Dieu, mais si purs, si ardents et avec une joie si ravissante, qu'il n'y avait aucun des assistants auxquels elle ne fît désirer la mort, tant elle l'acceptait avec joie et douceur.

Elle perdit la parole au milieu de ces élans, en prononçant le saint nom de Jésus, avec une ardeur et une tendresse que ne pouvait diminuer la faiblesse à laquelle sa maladie l'avait réduite. Elle rendit peu après son esprit à Celui auquel elle avait donné tout son amour, (17 septembre 1633.)

Le visage de Marguerite parut après sa mort, plus beau, plus frais qu'auparavant ; il reflétait une paix toute céleste. On fut obligé de le laisser découvert vingt-quatre heures, pour satisfaire un nombre infini de personnes qu'elle avait assistées ou consolées. Il semblait que toutes les veuves, tous les orphelins, tous les pauvres, les malades et les affligés eussent perdu avec elle leur mère et leur unique consolatrice, tant on en voyait un grand nombre fondre en larmes.

Chacun allait baiser ses mains avec dévotion, et tâchait d'avoir quelque morceau de ses habits. Des ecclésiastiques fort recommandables, des religieux très-édifiants et beaucoup d'autres personnes ont déposé qu'ils avaient senti une odeur merveilleusement douce et agréable dans la chambre de cette sainte fille, dans l'église où elle fut portée, et même dans le lieu de sa sépulture, odeur qui persista quelques mois après son inhumation.

Nous croirions d'autant plus facilement que Dieu ait voulu ainsi honorer la mort et le tombeau de son héroïque servante, que nous savons par les témoignages les plus dignes de foi qu'il manifesta la sainteté de Marguerite, pendant sa vie, par un grand nombre de miracles plus éclatants que celui-ci. Son frère, dans la vie de sa sœur qu'il a écrite, rendait témoignage que les miracles ne lui coûtaient rien, qu'il lui était ordinaire de faire des choses surnaturelles et un grand nombre de guérisons de toutes sortes de maladies, au moyen de grains bénits, ou de reliques de saints, qu'elle donnait à ceux qui souffraient ou qui se trouvaient dans quelque grand péril.

Maître Michel reprit sévèrement sa sœur à cause de cette trop grande indulgence, avec laquelle elle consentait à demander pour tant de personnes des grâces extraordinaires, que Dieu ne lui refusait jamais. Il lui dit plusieurs fois que ce n'était pas par cette voie, mais par celle du mépris du monde et de l'humilité, que Dieu voulait qu'elle le glorifiât.

Le sépulcre de Marguerite Le Nobletz a été longtemps visité avec beaucoup de respect et de vénération par un grand nombre de personnes, dont beaucoup ont éprouvé la puissance merveilleuse de la servante de Dieu. Ajoutons que dans une lettre qu'il écrivait au P. Maunoir, Maître Michel assurait qu'aussitôt après la mort de sa sœur, Dieu lui avait révélé la gloire dont ses vertus étaient couronnées dans le ciel, et le grand nombre de miracles qui devaient rendre illustre son tombeau.

XIII

Maître Michel et Pierre Quintin évangélisent le diocèse de Tréguier. Missions dans les îles d'Ouessant, de Molénes et de Batz.

Plusieurs personnes de Morlaix ne pouvant supporter le zèle et la sainteté de Maître Michel, qui étaient la condamnation éclatante de leur conduite, profitèrent de la présence de l'Évêque de Tréguier à Morlaix, pour essayer de perdre le missionnaire dans son esprit. On l'accusa de troubler les consciences par son genre de vie extraordinaire, et par ses prédications indiscrètes.

Mais il arriva tout le contraire de ce qu'attendaient les accusateurs du Serviteur de Dieu. Le prélat ayant pris des informations précises sur sa conduite et sa doctrine, il en fut si satisfait, que bien loin de lui défendre de prêcher, il le conjura de partager avec lui les soins de l'épiscopat, et de faire des missions dans tout son diocèse, pour l'aider à sauver les âmes dont Dieu lui avait donné la charge.

Pour obéir avec succès à un ordre qui lui convenait si bien, Maître Michel s'associa au Père Pierre Quintin. Quoique ce bon Père l'appelât toujours *son maître,* le saint missionnaire voulut toujours obéir en toutes choses à son ami comme à son supérieur, dans tous les exercices de ses missions apostoliques. Ils s'étaient divisé le travail ; le P. Quintin prêchait ordinairement, et Maître Michel se chargeait d'enseigner le catéchisme et d'expliquer les principaux mystères de la foi; ce qu'ils faisaient non seulement dans les églises, mais dans les champs et les grands chemins, au pied des croix, qu'on rencontre partout dans ce pays de foi.

Les deux apôtres se livraient à l'enseignement de ce pauvre peuple avec tant de ferveur et de dévouement, qu'ils oubliaient souvent de donner à leur corps d'autre *nourriture* que *l'accomplissement de la volonté divine*. Quand ils avaient le temps de s'occuper de la vie matérielle, ils allaient, après l'instruction, demander un peu de pain de seigle et d'eau, pour l'amour de Dieu, aux paysans du voisinage. Le P. Quintin prêchait avec tant de véhémence; il faisait paraître, en parlant de la majesté divine, une frayeur si sainte et si extraordinaire, qu'à la vue de ses yeux étincelants, de son visage enflammé et de ses gestes animés d'un transport divin, beaucoup de personnes mal disposées à se convertir disaient de lui qu'il était en état d'ivresse, de la même manière que les Juifs avaient traité les Apôtres, lorsque possédés et comme enivrés de l'esprit de Dieu après la Pentecôte, ils commencèrent à prêcher Jésus-Christ crucifié.

Ces auditeurs rebelles à la grâce ne traitaient pas mieux Maître Michel. Ils l'appelaient le *prêtre fou*. (Il avait en effet renoncé à la sagesse charnelle et aux maximes du siècle corrompu, pour suivre la sainte folie de la croix.) Mais si beaucoup de personnes furent rebelles à la grâce, un grand nombre d'autres profitèrent des peines et des travaux inouïs de nos deux saints missionnaires. La douceur et l'humilité avec lesquelles ils supportaient les affronts et les contradictions, ne contribuèrent pas peu à convertir beaucoup d'âmes droites.

Il en était de même de l'union parfaite qui régnait entre les deux missionnaires, et de l'estime qu'ils avaient l'un pour l'autre. Ils ne parlaient entre eux que de Dieu, qui les possédait uniquement; et les conversations de Maître Michel donnaient au P. Quintin tant d'admiration pour la vertu de son compagnon, et lui pénétraient si vivement le cœur, que souvent, dans un élan d'humilité, il se jetait à genoux aux pieds de son *cher maître*, pour les baiser avec vénération, On peut se figurer combien de pareils actes faisaient souffrir l'humilité de celui-ci.

Les deux serviteurs de Dieu, après avoir employé, comme nous venons de le dire, tout le jour à leurs fonctions apostoliques, donnaient la nuit plus de temps à la prière qu'au sommeil. Il n'est pas étonnant que Dieu ait opéré, par de tels ouvriers, des changements merveilleux dans tous les cantons qu'ils évangélisèrent ensemble pendant dix-huit années.

Après avoir évangélisé le peuple du diocèse de Tréguier, Maîtrc Michel s'occupa de celui de Léon, dans lequel il était né, et qu'il aimait tout particulièrement, surtout à cause de l'attachement extrême de ce pays pour la foi catholique. Il commença ses missions par l'endroit le plus abandonné.

L'île d'Ouessant était alors peuplée d'environ quatre mille habitants; elle était d'un accès si difficile qu'on ne pouvait y pénétrer que par un étroit passage, semblable à une échelle, et par lequel on ne pouvait monter qu'un à un, et encore avec bien de la peine. Le détroit qui sépare l'île de la terre ferme était extrêmement redouté des navigateurs. Cette situation d'un abord si difficile avait préservé les habitants des vices des autres peuples. La pureté de mœurs de ces bons insulaires était si merveilleuse qu'il était inouï qu'aucun d'eux eût jamais été soupçonné des vices opposés à la chasteté. Jamais de procès entre eux; s'il s'élevait quelques différents, un gentilhomme de la paroisse les terminait à l'issue de la grand'messe, sans aucune autre procédure, et il n'y avait personne qui n'acquiesçât volontiers à sa décision. Malheureusement cette position si isolée n'était pas favorable à l'instruction religieuse de ces pauvres gens; et de mémoire d'homme on ne se rappelait pas qu'aucun Evêque eût fait la visite de ce troupeau si isolé.

Aussitôt que Maître Michel fut arrivé dans l'île d'Ouessant, un des principaux habitants lui fit accepter un logement dans sa maison, et préparer une chambre et un lit assez commodes. Mais le lendemain matin on le trouva couché dans une masure, sur la terre nue, une pierre sous la tête pour tout oreiller. Le domestique qui surprit le serviteur de Dieu ainsi couché lui exprima tout son étonnement. « Je ne veux point, répondit le missionnaire, me servir des lits douillets; on court le danger d'y dormir trop longtemps; je craindrais d'être réprouvé de mon Maître, s'il me trouvait ainsi couché mollement, au lieu que son Fils unique a été couché sur la croix. »

La vie si sainte et les rigueurs de la pénitence de Maître Michel produisirent autant d'effet sur ces bons insulaires que ses discours animés d'un zèle ardent. Ce fut un entraînement général vers cet apôtre envoyé de Dieu. Tous les jours la population entière de l'île venait se faire instruire, et écouter avidement ses sermons et ses catéchismes. Enfin tous reçurent avec des dispositions parfaites les sacrements de Pénitence et d'Eucharistie. Pour rendre plus durables les fruits de cette heureuse mission, Maître Michel communiqua au Recteur (c'est ainsi qu'on appelle les curés en Bretagne) son zèle et sa manière ingénieuse d'instruire les enfants et les grandes personnes.

Il alla ensuite faire mission dans la petite île de Molènes. Les habitants ne profitèrent pas moins bien de sa parole que l'avaient fait ceux d'Ouessant. Mais comme la plus grande partie de ces insulaires était alors occupée à la pêche, le zélé missionnaire allait les trouver sur la mer. Il les rencontrait là en grand nombre avec d'autres pêcheurs des environs. Montant alors sur le plus élevé de leurs bateaux, il leur prêchait les vérités de l'Evangile avec tant de force, et leur représentait si vivement la grandeur des souffrances du Fils de Dieu, l'énormité du péché, et la nécessité de la pénitence, qu'on les voyait tous fondre en larmes, et même prendre les cordes de leurs barques, et s'en frapper, pour satisfaire par cette pénitence à la justice divine.

Maître Michel passa ensuite dans l'île de Batz. Ce pays avait un extrême besoin d'instruction et de moralisation. Voici comment le missionnaire s'y prit pour habituer ces pauvres ignorants à retenir le catéchisme et à y répondre. Il amena avec lui un jeune homme bien instruit de la religion. Après l'instruction, il l'interrogeait; et les réponses de ce jeune homme encouragèrent peu à peu quelques enfants à répondre aussi. Les petits cadeaux qu'ils reçurent pour leurs bonnes réponses donnèrent de l'émulation à tous les autres enfants, et aussi aux grandes personnes, qui n'avaient pas moins de bonne volonté et de désir de s'instruire.

Les sermons du missionnaire faisaient une telle impression sur ces bons insulaires, que quarante ans après, ils ne pouvaient parler sans répandre des larmes de la manière dont il les exhortait à la pénitence. Tantôt, d'une voix pénétrante et profondément convaincue, il bouleversait son auditoire en lui peignant les vérités terribles de la religion; il tenait alors à la main un grand crucifix, et interpellait Jésus-Christ en croix, avec des accents et des larmes qui en arrachaient à tous les assistants. Tantôt, après les avoir ainsi émus et attendris, il faisait naître la joie et la confiance filiale dans ces cœurs brisés; et c'était avec une douceur et une onction toutes célestes qu'il les faisait ainsi passer de la crainte et du repentir à l'amour et aux plus fermes résolutions de ne plus vivre que pour un Dieu si bon.

Tout le temps qu'il ne passait pas en chaire était consacré aux confessions. Elles furent si nombreuses, que le missionnaire était obligé de confesser plusieurs personnes dans le trajet de la maison à l'église, distantes d'une demi-lieue. Avec une charité et une pénétration étonnantes, il amenait doucement à faire des aveux complets ceux qu'une fausse honte empêchait de découvrir leurs péchés secrets.

Toute cette population, jusque-là livrée à une ignorance et à des désordres désolants, se convertit si parfaitement, que lorsque le P. Maunoir la visita, plus de cinquante ans plus tard, il déclara n'avoir trouvé dans toute la Bretagne aucun lieu où les habitants fussent mieux instruits de nos mystères, et eussent des mœurs si pures et si édifiantes.

Du reste, comme il le faisait dans toutes ses missions, Maitre Michel réussit à faire entrer quelques personnes de cette île dans la voie de la perfection et de la vie intérieure la plus avancée. Il décida, par exemple, un grand nombre de veuves à renoncer à se remarier; elles embrassèrent, d'après ses avis, une vie d'austérité et de pénitence qui les conduisit à une sainteté qu'on trouve bien rarement dans le monde.

Au moment de quitter l'île de Batz, Maître Michel réunit tous les habitants pour leur faire ses adieux. Il y eut une explosion de sanglots quand le saint missionnaire leur adressa la parole pour la dernière fois. Il les consola avec tendresse, et les exhorta vivement à persévérer jusqu'à la mort dans les pratiques des vertus chrétiennes, et surtout dans l'esprit de foi, et la pénitence de leurs péchés. Puis élevant tout à coup une tête de mort au haut d'une croix rouge, « y en a-t-il un parmi vous, s'écria-t-il, qui espère que sa tête, qui est maintenant pleine de vie, de chair et de sang, puisse ne pas devenir dans le même état que celle-ci ? »

Voyant tout ce bon peuple effrayé de la manière saisissante qu'il employait pour le faire penser à sa dernière fin, il ajouta : « Je vous laisse, mes frères, cette tête de mort pour vous prêcher les vérités de l'Evangile en mon absence. Je vous conjure, au nom du Dieu vivant, et pour votre propre salut, d'écouter souvent ce prédicateur, et d'apprendre de lui que vous ne sauriez apporter trop de soin à vous bien préparer à la mort. Soit que vous mangiez, soit que vous buviez, soit que vous travailliez ou que vous vous reposiez, pensez que toutes ces actions, les plus nécessaires de la vie, sont autant de causes de votre mort, ou autant de marques de la nécessité que vous avez de la subir. Méprisez le monde, et rénoncez à ses lois, parce que le monde et toutes les choses du monde ne sont rien qu'une figure qui passe bientôt, et qui disparaît par la mort. Résistez aux mauvaises pensées et aux désirs de la chair, qui doit être corrompue par la mort. Délivrez votre cœur de la convoitise de tous les biens de la terre, parce qu'ils sont périssables de leur nature, et que, quand même ils ne le seraient pas, il les faudrait quitter par la mort..... »

Maître Michel termina ses adieux par une pathétique exhortation à se donner entièrement à Dieu. Il fut accompagné jusqu'à son vaisseau des larmes et des sanglots de tout ce bon peuple, qui ne quitta le port que lorsqu'il eut perdu de vue cet envoyé céleste.

XIV.

Maître Michel établit le centre de ses missions à Saint-Matthieu. Après avoir éprouvé des contradictions et des rebuts sans nombre, il convertit enfin tout ce pays.

Maître Michel choisit Saint-Matthieu pour sa résidence ordinaire et le centre de ses missions. Nul endroit ne convenait mieux à ses desseins. De cette pointe de terre très-avancée, il pouvait se rendre facilement, par mer, à beaucoup de points différents des trois diocèses de Léon, Cornouailles et Tréguier, auxquels il consacrait sa vie. Le port du Conquet, qui touche Saint-Matthieu, était fréquenté par un grand nombre de marins et de marchands dont les vices avaient grand besoin de réforme. Enfin, l'amour des croix et des persécutions attirait encore le serviteur de Jésus crucifié au milieu de ce foyer de corruption si difficile à purifier.

Il commença par étudier soigneusement le caractère, les vices et les défauts particuliers aux habitants de cette côte. Il reconnut que l'avarice et la vanité dominaient ces marchands, uniquement occupés du soin de leurs affaires, et fiers de leur fortune. Sans cesse embarrassés du soin des intérêts matériels, ils négligeaient absolument ceux de leur âme, et croupissaient dans une profonde ignorance des vérités divines.

Il y avait bien un certain nombre de personnes qui faisaient profession de dévotion, mais la plupart alliaient cette prétendue dévotion à des vices ou de graves défauts, qui scandalisaient les faibles et retombaient à leur yeux sur la religion, qui pourtant condamne ces compromis coupables. Ainsi ces singuliers chétiens couraient de pèlerinage en pèlerinage, n'auraient voulu manquer aucune cérémonie d'apparat; mais ils négligeaient de s'instruire des vérités les plus nécessaires de la religion, et de veiller à l'instruction religieuse et au salut de leurs domestiques, dont ils répondaient devant Dieu. Ils faisaient de grandes dépenses en pieuses fondations, et n'avaient aucun soin de payer les gages de leurs serviteurs et de leurs ouvriers, pas plus que les mémoires de leurs fournisseurs. Plusieurs jeûnaient tous les samedis et faisaient maigre tous les mercredis; mais ils déchiraient sans cesse leur prochain dans leurs conversations.

Maître Michel s'attacha à convertir ces deux catégories de personnes, en prêchant sur les vérités de la religion, les vices et les vertus, non d'une manière générale, mais en entrant dans tous les détails et toutes les particularités qui pouvaient faire facilement reconnaître à chacun son faible, et lui mieux apprendre les moyens de s'en guérir. Ainsi aux prétendus dévots qui péchaient, sans se gêner aucunement, par médisance ou calomnie, mais qui s'imposaient régulièrement des jeûnes ou des pénitences de fantaisie, il disait qu'il servait fort peu de châtier le corps, lorsqu'on donnait toute sorte de liberté à l'esprit; que le jeûne le plus utile et le plus agréable à Dieu, c'est de s'abstenir de ce qui lui déplaît d'avantage; qu'ainsi il vaut mieux s'abstenir d'un jugement téméraire, d'une conversation trop libre, d'une marque d'aversion ou de mépris, d'un mouvement de colère, ou de tout autre péché auquel on se sentirait le plus porté, plutôt que de faire abstinence un mercredi; qu'enfin, quand un homme jeûnerait tous les jours de sa vie, sans jeûne moral et sans travailler à se corriger de ce qui en lui s'oppose à l'amour et à la grâce de Dieu, son salut n'en serait guère plus en sûreté.

Enfin, concluait-il, le défaut le plus universel parmi les personnes pieuses, même les plus spirituelles, est de chercher leur goût et leur satisfaction en toutes choses; de sorte que comme elles ne choisissent, parmi toutes les pratiques de piété, que celles qui sont les plus douces, et d'une dévotion plus sensible et plus aisée, comme elles ne s'accommodent point de l'usage de la mortification, et surtout de celle qui demande de la soumission d'esprit et de l'humilité, elles ne se défont aussi que des défauts les plus faciles à surmonter, de ceux dont la nature, aussi bien que la grâce, donne de l'horreur, et qui sont d'ordinaire accompagnés de douleur ou de honte. Quant à d'autres défauts souvent beaucoup plus graves, mais qui exigeraient des efforts beaucoup plus douloureux à la nature, on les ménage, on ne veut même pas les voir, il semble qu'on les dissimule sous les fleurs de telles ou telles vertus de surérogation, dont s'arrange fort bien la nature corrompue. Cette conduite des personnes prétendues dévotes fait plus de tort aux âmes et à la religion que celle des personnes ouvertement vicieuses....

Si Maître Michel se fût contenté d'étaler de la science dans ses discours, ou de s'en tenir à des généralités, il eût joui de l'estime et de l'amitié de tout le monde. Mais comme il n'est pas facile de plaire à des gens, quand on prêche avec une sainte liberté contre les vices qu'ils aiment, on voyait sortir de l'église quantité de personnes aussitôt qu'il paraissait en chaire. On le traitait avec une extrême mépris, et on essayait de le faire passer pour un fou et un extravagant. Plusieurs personnes, de celles dont l'esprit étroit et routinier s'attache aveuglément à toutes les coutumes anciennes, bonnes ou mauvaises, ne pouvaient comprendre que Maître Michel ne s'attachât pas à une paroisse particulière, en acceptant un bénéfice comme les autres ecclésiastiques. Ils critiquaient amèrement les courses apostoliques que faisait sans cesse le zélé missionnaire, et voulaient faire passer pour des marques d'inconstance et de légèreté d'esprit, ce qui n'était que l'effet du même zèle qui avait poussé les Apôtres à prêcher d'un lieu dans un autre, selon les besoins des âmes.

Le grand-vicaire du diocèse, trompé par un grand nombre de ces plaintes spécieuses était sur le point de révoquer la permission qu'avait reçue Maître Michel de prêcher et administrer les sacrements dans tout le diocèse de Léon ; mais Dieu permit qu'un ami du missionnaire détrompât ce grand-vicaire, trop prompt à condamner les gens sans les entendre. Mais, chose qui a lieu d'étonner, on restreignit les pouvoirs du serviteur de Dieu, et au lieu d'une permission générale de prêcher dans tout le diocèse, on exigea qu'il demandât une autorisation pour chaque paroisse.

L'humble apôtre se soumit de bonne grâce à cette maladroite et injuste entrave; au reste, son zèle ingénieux lui fit bientôt trouver le moyen de faire le bien sans que cette mesure malveillante le gênât en rien. Il prit en effet d'avance un si grand nombre d'autorisations pour différents lieux, qu'il put répondre à l'appel des diverses paroisses qui avaient besoin de lui, sans presque jamais être obligé de perdre un temps précieux à envoyer chercher des autorisations à l'évêché.

C'est un des traits les plus remarquables de la vie de Maître Michel que sans cesse les contradictions et les persécutions accompagnèrent tous ses travaux. Dieu permit que ceux mêmes qui auraient dû le soutenir et l'admirer se tournaient contre lui, et essayaient d'entraver ses travaux apostoliques, pourtant si nécessaires aux pauvres peuples de la Basse-Bretagne. Ainsi on vit des prêtres, jaloux de la réputation sans cesse croissante de l'homme de Dieu, et de la confiance qu'il inspirait à un grand nombre de personnes par lui gagnées à Dieu, on vit ces prêtres traverser de toutes manière le zèle du saint missionnaire et lui faire endurer tous les affronts qu'ils croyaient capables de lui faire abandonner les exercices de ses missions. Ils en vinrent jusqu'à lui fermer la porte de leur église, jusqu'à l'arracher de chaire avec ignominie. Mais alors la patience et l'humilité du saint homme ne prêchaient pas moins efficacement que ses paroles l'eussent pû faire ; et l'on voyait toute l'assistance fondre en larmes à la vue de si grands affronts supportés avec une vertu si admirable.

Au grand scandale des populations évangélisées par Maître Michel, ses ennemis en vinrent à ce point de malice, que leurs calomnies persévéramment renouvelées auprès de l'évêque finirent par faire une forte impression sur son esprit. On vit donc ce bon Prélat, un jour qu'il faisait sa visite à Saint-Matthieu, réprimander publiquement l'homme de Dieu, lui reprocher de mettre le scandale et la division parmi ses frères par ses innovations et ses excès de zèle, et lui dire que sa manière de vivre trop singulière tenait de la sédition et de la révolte, diminuait dans l'esprit du peuple l'estime et l'autorité des prêtres et des pasteurs, et donnait lieu à toutes les plaintes qu'ils faisaient contre lui.

Le saint homme remercia Dieu de cet affront public. Confiant dans la Providence qui ne l'abandonna jamais, voulant imiter le Sauveur qui n'eut jamais d'avocat pour se disculper, il continua ses travaux apostoliques dans une tranquillité parfaite. Quelques personnes zélées, pleines d'indignation à la vue de la sainteté persécutée, se chargèrent de la défense du serviteur de Dieu. Cependant la Providence permit que sa vertu et ses travaux fussent éprouvés pendant trois années consécutives. Au bout de ce temps, la patience et la charité ardente du généreux missionnaire finirent par lasser la malice des hommes. Jamais le bras de Dieu ne se montra mieux que dans cette occasion. Il favorisa son apôtre, délaissé et contredit, d'une si grande abondance de bénédictions et de miracles, qu'il y eut peu de personnes qui restassent dans leur aveuglement à l'égard de la sainteté et de la doctrine du missionnaire.

D'abord un certain nombre de personnes vinrent le voir pour le consulter dans leurs doutes, pour lui demander du secours dans leurs besoins spirituels ou temporels, ou des consolations dans leurs afflictions. Sa douceur, sa charité et ses lumières admirables changeaient les cœurs avec une efficacité merveilleuse. De sorte que ceux qui avaient eu le bonheur de l'entretenir faisaient tous leurs efforts pour procurer le même avantage à leurs parents et à leurs amis. Aussi en peu de temps le missionnaire eut-il un grand nombre de disciples qui suivaient sa direction avec un courage invincible, et s'affermissaient de plus en plus dans le mépris du monde et dans l'amour de Dieu, malgré les railleries et les contradictions.

Lorsque Maître Michel vit que les habitants de ce pays montraient de meilleures dispositions, il fit venir près de lui pour l'aider, sa sœur Marguerite Le Nobletz. Elle se logea dans une petite maison couverte de paille entre Saint-Matthieu et Le Conquet, afin qu'on pût lui envoyer plus facilement de ces deux villes et de la campagne toutes les petites filles pour les instruire. L'humilité et le dévouement de cette sainte fille ravissaient les cœurs des pères et des mères. Elle prenait en effet le même soin de ces pauvres petites paysannes, que si elles eussent été des princesses, car elle les considérait toutes comme des épouses de Jésus-Christ, rachetées de son sang adorable, et destinées à posséder son royaume. Elle faisait adroitement profiter de ses instructions les mères de ces enfants, en les invitant à venir juger des progrès de leurs filles.

Marguerite Le Nobletz était secondée dans ses œuvres de zèle par une sainte veuve appelée Françoise Troadec. C'était une femme d'une intelligence remarquable. Elle parlait parfaitement le breton, le français, l'anglais et l'espagnol ; elle était instruite de tout ce qui concerne la navigation et faisait avec beaucoup de talent des cartes marines pour les navigateurs. Mais Maître Michel lui apprit une science infiniment supérieure, la science des saints et l'art d'aimer Dieu et de se dégager de toute affection humaine.

Sous la conduite du serviteur de Dieu, Françoise Troadec s'éleva aux plus hautes vertus; son esprit d'oraison et de mortification était admirable. Elle se dévouait au soin des pauvres avec une charité infatigable. Ainsi elle veillait presque toutes les nuits les mourants au Conquet et à Lochrist; et elle les ensevelissait après les avoir soutenus et encouragés dans le redoutable passage du temps à l'éternité.

Elle n'était pas moins zélée auprès des personnes riches de son sexe. Elle allait leur rendre visite pour leur parler de l'affaire de leur salut. Sa réputation de sainteté, sa science et l'élévation de son esprit en attiraient autour d'elle un grand nombre. Elle profitait de ces réunions pour leur parler des vérités de la religion; elle le faisait avec une éloquence pleine de grâce et de simplicité qui produisait de grands fruits de salut.

Quelle fut la joie de Maître Michel quand enfin la grâce de Dieu, victorieuse de tous les obstacles, changea totalement la face de tout ce pays! Quand le saint missionnaire était arrivé à Saint-Matthieu et et au Conquet, il trouva tout ce pauvre peuple dans une ignorance extrême. L'usage des sacrements y était si rare, qu'il n'y avait personne qui se confessât plus d'une fois par an; enfin les blasphèmes étaient tellement passés en habitude, qu'il n'y avait presque personne qui n'en proférât à chaque phrase.

Les prédications publiques et les entretiens particuliers du serviteur de Dieu, ses catéchismes, ses pieuses industries, sa charité infatigable envers les pauvres et les infirmes, ses larmes et ses prières continuelles, enfin des grâces miraculeuses en grand nombre produisirent dans ce pays un changement si prodigieux, que tout le monde arriva à connaître parfaitement sa religion; l'usage de la communion au moins mensuelle devint général; on voyait tous les jours ces bonnes gens assister à la messe, le matin avant leur travail, faire la prière en commun, l'examen de conscience et la lecture en famille d'un chapitre de livre pieux, avant de se coucher. L'habitude abominable du blasphème devint aussi rare qu'elle était commune auparavant. Aux superstitions ridicules et impies jusque-là fort répandues, succédèrent les pratiques d'une vraie et solide piété. En un mot, Maître Michel laissa sur toute cette côte du Conquet moins de mauvais chrétiens qu'il n'en avait trouvé de bons au commencement de sa mission.

XV.

Mission de Landerneau. Maître Michel se sert pour la première fois de ses tableaux symboliques. Il évangélise Quimper, puis tout le diocèse de Cornouailles.

Maître Michel s'occupa ensuite de la ville de Landerneau. C'était une des cités les plus riches et les plus populeuses de la Bretagne. Le luxe et la vanité y régnaient en souverains, avec le cortége de vice qui les accompagnent toujours.

L'amour de la toilette était poussé chez les femmes au point qu'elles dépensaient, pour satisfaire leur criminelle vanité, tout ce qui leur eût été nécessaire pour tenir leur maison, élever leurs enfants et soulager les pauvres. (1)

(1) Par un bref du 8 juillet 1868, Pie IX écrivait à Madame de Gentelles : « ... Nous voyons avec la plus grande satisfaction que vous avez écrit un livre (*Appel aux jeunes femmes chrétiennes*) sur les funestes conséquences du luxe, et excité les femmes chrétiennes à se liguer contre ce mal qui ruine à la fois les mœurs et la famille. Car c'est lui qui, par les soins qu'on donne au corps et à la chevelure, soins que l'on va jusqu'à renouveler

Maître Michel s'attacha de tout son pouvoir à combattre ce vice, source de tant de désordres. Mais toutes les peines qu'il se donna ne furent utiles qu'à un petit nombre de personnes, qui le consolèrent

---

même plusieurs fois le jour, absorbe le temps que l'on devrait consacrer aux œuvres de piété et de charité, aux devoirs de la famille; c'est lui qui provoque aux assemblées brillantes, aux promenades publiques et aux spectacles; c'est lui qui apprend à courir de maison en maison, sous prétexte de devoirs de société, et à s'y livrer à l'oisiveté, à la curiosité, aux conversations indiscrètes. *C'est lui qui sert d'aliment aux désirs impurs*, lui qui consume les ressources que l'on devrait réserver pour ses enfants, et enlève à l'indigence les secours qui lui viendraient si à propos. C'est lui qui désunit les époux, et plus souvent encore empêche la conclusion des mariages. Est-il facile en effet de trouver un homme qui se charge d'une si énorme dépense ?... Or l'expérience le démontre, cet éloignement du mariage fournit au désordre un nouvel aliment. En outre, c'est à peine si ces frivolités qui désunissent la famille permettent l'entretien d'une mutuelle intimité ; c'est à peine si l'on accorde à la religion ce que réclame la pratique la plus commune ; on sacrifie au luxe l'éducation des enfants, on abandonne pour lui le soin des intérêts domestiques ; il n'y a plus d'ordre dans la maison, elle est bouleversée. Dès lors on encourt la réprobation de l'Apôtre : *Si quelqu'un n'a pas soin des siens, et surtout de ceux de sa maison, il renie la foi, et il est pire qu'un infidèle.* Mais comme une ville se compose de familles, une province de villes, un royaume de provinces, la famille ainsi gâtée, corrompue, empoisonne de sa contagion la société tout entière, et lui prépare insensiblement ces calamités qui nous accablent aujourd'hui de toutes parts.

« Fasse le ciel qu'un grand nombre de femmes s'unissent pour

par une ferveur, un amour de l'oraison et de la pénitence, et un zèle pour les œuvres de charité, qui ne se démentirent jamais. Au reste, le saint homme trouva à Landerneau ce qui faisait toujours l'objet

---

détourner d'elles-mêmes, de leurs proches et de la patrie la cause de tant de maux, et que, par leur exemple, elles apprennent aux autres à *rejeter loin d'elles tout ce qui dépasse le soin d'une parure honnête et permise !* Que toutes se persuadent bien que pour se concilier l'estime et l'affection de leurs maris, elles n'ont pas besoin de coiffures si coûteuses, de toilettes si splendides; mais bien plutôt de cultiver leur esprit, de cultiver leur cœur, de cultiver la vertu, car toute leur gloire vient du dedans : *c'est la grâce ajoutée à la grâce, que la femme sainte et pudique*. Seule enfin elle recueillera des éloges, la femme qui craint le Seigneur... »

Il y a longtemps que l'Eglise s'élève contre ce luxe condamnable que les femmes ont toujours aimé à afficher. Nous trouvons dans un sermon de Gilles d'Orléans, qui vivait au XIIIe siècle, cette virulente admonestation qu'on croirait adressée aux élégantes de notre époque :

« En apercevant une de ces femmes, ne la prendrait-on pas pour un chevalier se rendant à la Table-Ronde ? Elle est si bien équipée de la tête aux pieds qu'elle respire tout entière le feu du démon. Regardez ses pieds ; sa chaussure est si étroite qu'elle en est ridicule. Regardez sa taille ; c'est pis encore. Elle serre ses entrailles avec une ceinture de soie, d'or, d'argent, telle que Jésus-Christ ni sa bienheureuse Mère, qui étaient pourtant du sang royal, n'en ont jamais porté. Levez les yeux vers sa tête : c'est là que se voient les insignes de l'enfer. Ce sont des cornes, ce sont des *cheveux morts*, ce sont des figures de diables. Sainte Marie ! d'où vient qu'une misérable et fragile créature, ose se revêtir d'une armure pareille ? Elle ne craint pas

de ses désirs, des croix et des persécutions. Un jour, par exemple, un homme ivre le poursuivit l'épée à la main, et très-peu s'en fallut que ce malheureux ne réussît dans son projet homicide.

Si notre missionnaire eut peu de succès près des gens riches de Landerneau, il réussit beaucoup mieux auprès du peuple. Ce fut dans cette ville qu'il commença à se servir de ses tableaux symboliques, dont Dieu lui avait inspiré la pensée dans sa retraite de Tremenach.

Il avait remarqué que les gens grossiers ne comprenant pas facilement les choses spirituelles, et n'en retenant guère le souvenir, il ne suffit pas de les émouvoir momentanément par des sermons même très-pathétiques. Pour rendre plus sensibles ses instructions, destinées à des gens qui ne vivaient guère que par les sens, il imagina d'arriver à leur esprit non-seulement par le sens de l'ouïe, comme tous les prédicateurs, mais en même temps par le sens de la vue, dont les perceptions frappent l'âme bien plus vivement, et se conservent très-longtemps dans la mémoire. Il avait soin, en outre, de se ser-

---

de se mettre sur la tête les cheveux d'une personne qui est peut-être dans l'enfer ou dans le purgatoire, et dont elle ne voudrait pas, pour tout l'or du monde, une seule nuit, partager la couche!... Elle a plus de queues (*) que n'en a Satan lui-même; car Satan n'en a qu'une, et elle en a tout autour d'elle... C'est là qu'on voit des femmes toutes décolletées, toutes espoitrinées. Quelle guerre celles-là font à Dieu!... »

(*) Allusion aux découpures, ou dentelures des robes.

vir des figures qui se rapportaient précisément à la profession de ses auditeurs. Ainsi, s'adressait-il à des militaires, il mettait sous leurs yeux, en même temps qu'il le leur expliquait, un tableau représentant un combat, ou l'attaque d'une place forte, pour leur faire comprendre aisément toutes les attaques de nos ennemis invisibles, et tous les saints stratagêmes dont nous devons nous servir dans ces combats spirituels. Aux marins il faisait voir un tableau de la mer avec tous ses naufrages et ses dangers, pour leur faire comprendre les périls et les naufrages des chrétiens dans ce monde par le péché, et les manœuvres et les luttes auxquelles il faut recourir pour arriver sûrement au port du salut. (Nous croyons faire plaisir au lecteur en donnant à la fin de ce volume l'explication d'un de ces tablaux si ingénieux, explication écrite par Maître Michel lui-même, et qui peut donner une idée de son talent unique d'instruire même les intelligences les plus grossières).

Il était parvenu, chose bien plus difficile encore, à composer pour les personnes qui ne savaient pas lire, des livres de dévotion, des traités spirituels, et même des sujets de méditation. C'étaient des images et des figures symboliques, peintes sur chaque feuille de ces livres, images qui représentaient aux yeux les sujets pieux sur lesquels il voulait leur faire exercer leur intelligence et leur mémoire.

De Landerneau, Maître Michel se rendit, en 1614, dans le diocèse de Cornouailles. Aussitôt arrivé à Quimper, il alla demander à l'Evêque la permission générale de prêcher, de catéchiser et confesser dans tout son diocèse. Connaissant l'ignorance extrême de son troupeau et son pressant besoin d'instruction religieuse, le Prélat accorda de grand cœur l'autorisation que lui demandait le saint missionnaire.

Il commença ses missions dans ce diocèse par la ville épiscopale. Quimper n'avait point encore alors le collége de Jésuites et le monastère d'Ursulines, qui, un certain nombre d'années plus tard, distribuèrent avec tant de dévouement l'instruction religieuse; de sorte que l'ignorance des vérités divines était extrême, surtout dans le peuple. L'homme de Dieu, malgré les soins et les peines extraordinaires qu'il se donna pendant trois ans, convertit peu de ces pauvres riches, que l'embarras exagéré des intérêts terrestres, le luxe, la confiance présomptueuse dans leur fausse sagesse retiennent comme l'oiseau dans le filet du chasseur. Ces pauvres insensés non-seulement refusaient d'assister aux instructions du missionnaire, mais ils taxaient d'extravagance et d'innovation criminelle, son zèle et sa conduite toute apostolique.

Ce fut auprès du peuple et surtout auprès des enfants que Maître Michel obtint de grands fruits de salut. Il se sentit toujours inspiré d'enseigner le catéchisme aux enfants, par l'exemple de la vie du Sauveur et par la pensée que cette occupation si éminemment utile est peu éclatante devant les hommes, et par là même propre à conserver l'humilité. Aussi se livra-t-il à ce soin avec un zèle admirable. Non-seulement il menait tous les enfants de la ville aux chapelles de Saint-Primel et de la Madeleine où il leur faisait le catéchisme avec un dévouement et une adresse merveilleuse, mais il recherchait encore toutes les occasions possibles de les réunir et de les entretenir; il ne négligeait rien pour gagner leur cœur par ses bons procédés, ses petits cadeaux, et sa douceur pleine de charme; aussi voyait-on ces enfants le suivre par grandes troupes; tous l'aimaient comme leur père, et témoignaient une joie extraordinaire quand ils le rencontraient.

Pour instruire les filles, Michel Le Nobletz fit venir à Quimper sa sœur Marguerite et Françoise Troadec. Marguerite Le Nobletz, digne émule du zèle de son frère dans son dévouement à instruire les pauvres et les enfants, imita aussi sa généreuse charité; elle donna comme lui en aumônes toute sa part de l'héritage paternel qu'elle reçut à cette époque.

Connaissant l'ignorance générale qui régnait dans le diocèse de Cornouailles, Maître Michel s'attacha à évangéliser toutes les paroisses qui en avaient besoin. Ne pouvant le suivre dans toutes ces missions, qui s'étendirent à presque toutes les paroisses de ce diocèse, nous dirons seulement quelques mots des plus remarquables de ses stations apostoliques.

« Le zélé missionnaire, nous dit le P. Verjus, arriva à Concarneau un dimanche, pendant vêpres; sans perdre un instant, il monta en chaire aussiiôt qu'elles furent finies, et commença à expliquer avec ardeur aux assistants les principaux mystères de notre foi; et surtout les demandes de l'Oraison Dominicale, mêlant parmi ces instructions des mouvements capables de toucher d'abord et de gagner tous les cœurs moins endurcis dans le mal, et moins plongés dans la fainéantise que n'ont accoutumé de l'être ceux des gens de guerre (de la garnison), ou moins fiers et présomptueux, que le sont d'ordinaire ceux des bourgeois des petites villes. »

« C'en fut assez aux soldats de la garnison de voir un prédicateur monter en chaire, pour les obliger à se retirer promptement. Ils furent suivis de près de la plupart des bourgeois, qui se moquaient du zèle que ce bon prêtre faisait paraître en leur expliquant la prière que leur nourrice leur avait apprise; comme si c'eût été faire tort à la bonne opinion qu'il devait avoir de leur instruction, de leur montrer le sens des demandes qu'ils faisaient tous les jours à Dieu sans les comprendre. Il y en avait à la vérité peu d'entre eux qui ne sussent par mémoire les paroles contenues dans cette divine formule de prières que le Sauveur enseigna à ses Apôtres, mais il y en avait aussi fort peu qui les entendissent bien, ni qui sussent les commandements de Dieu, ni ce qu'il faut croire de nos principaux mystères. N'ayant jamais ouï prêcher que d'une manière qui était fort au-dessus de leur portée et qui flattait leur ignorance sans la guérir, des discours si ardents sur des sujets qui leur paraissaient si minces et si ordinaires, leur donnaient beaucoup de mépris pour leur prédicateur, et ils croyaient que c'était extravaguer que de leur parler avec ferveur de choses plus intelligibles que tous les discours théologiques dont d'autres prédicateurs avaient mieux aimé entretenir leur vanité, que de les rendre plus instruits et plus persuadés des vérités les plus communes de l'Evangile. »

Une dame du pays de Léon, qui avait été témoin des fruits admirables produits par la sainteté et le zèle du missionnaire, et qui avait été favorisée elle-même d'un des miracles qu'opérait fréquemment ce grand serviteur de Dieu, cette dame arrivant à Concarneau sur ces entrefaites, fut on ne peut plus surprise d'entendre parler de Maître Michel comme d'un insensé. Elle dessilla les yeux à plusieurs personnes. Néanmoins très-peu des habitants de Concarneau profitèrent de la présence de l'apôtre ; et ce fut surtout le peuple des campagnes environnantes qui fut docile à ses instructions.

A Pont-Labbé il en fut de même ; les gens pauvres et simples reçurent la grâce avec avidité, et quelques personnes distinguées entrèrent courageusement dans la voie de la perfection. La Providence se servit d'une circonstance singulière pour gagner à la piété la plus solide Monsieur de Port-Moreau et sa famille.

Maitre Michel arrivait à Pont-Labbé. En entrant dans cette ville il eut besoin d'acheter du papier pour écrire, comme il le faisait tous les jours, quelque composition pieuse. Il demanda à Madame de Port-Moreau qu'il rencontra à ce moment, l'adresse d'un marchand de papier. Mais cette dame, obéissant à un mouvemeut malveillant inexplicable, refusa d'une manière peu aimable de lui donner ce renseignement. Sa consience ne tarda pas à crier bien haut contre un tel manque de politesse et de respect envers un ministre de Dieu. Monsieur de Port-Moreau s'aperçut que sa femme était triste et troublée. Elle lui avoua sa faute aussitôt qu'il la questionna. Son mari était un homme plein de charité envers les pauvres et fort respectueux pour les ecclésiastiques. Il fut désolé de la faute de sa femme ; et, pour la réparer autant que possible, il envoya chercher le missionnaire, lui fit remettre une pièce d'argent et lui fit les offres de service les plus obligeants.

L'humble serviteur de Dieu ne refusa pas de recevoir cette aumône, heureux d'être traité comme un pauvre mendiant. Il prit même occasion de la charité qu'il avait reçue pour en faire une infiniment plus grande à son bienfaiteur. En le remerciant, il parla de Dieu avec une onction et une grâce angélique qui ravit toute cette bonne famille. Aussitôt sous sa direction, Monsieur et Madame de Port-Moreau et toute cette maison bénie embrassèrent la vie chrétienne la plus parfaite. On vit surtout la sœur de Monsieur de Port-Moreau faire des progrès extraordinaires dans la piété et l'exercice de la charité envers les pauvres.

On a remarqué, au reste, que Maître Michel ne manqua jamais de récompenser ceux qui lui firent du bien, en leur obtenant de grandes faveur du ciel, et des bénédictions toutes particulières pour leurs personnes et pour leurs familles. Ceux qui honorent ce grand ami de Dieu ne peuvent manquer d'obtenir, par son intercession, des grâces abondantes, car sa charité et son pouvoir n'ont pu que prendre d'immenses accroissements au ciel, où nous croyons qu'il a dû recevoir une place éminente.

A Audierne qu'il évangélisa ensuite, Maître Michel trouva une population entièrement absorbée par le soin des biens temporels ; il n'y eut guère que les femmes qui voulussent écouter la voix du missionnaire. Voyant tous les hommes sortir aussitôt qu'il montait dans la chaire, il leur dit d'un ton prophétique: « Hommes au cœur dur et attaché aux choses qui passent, vous refusez de chercher les biens éternels! Sachez que Dieu va bientôt vous punir du mépris que vous faites de sa parole, en vous privant de ces biens misérables qui occupent entièrement vos cœurs. »

Très-peu de temps après, ces hommes endurcis apprirent, par la perte de presque tous leurs navires et de toutes leurs marchandises, qu'ils devaient aspirer à d'autres biens plus élevés, qui ne sont exposés ni aux tempêtes de la mer, ni aux embûches des pirates.

Le zélé missionnaire reconnut alors que la volonté de Dieu l'appelait à évangeliser les gens des campagnes et le peuple. Ces pauvres gens sont mieux disposés en général à recevoir la parole de Dieu et les grandes grâces qui accompagnent les missions, car leurs cœurs sont moins remplis d'orgueil, d'ambition, de l'amour du luxe et de leurs aises, que ceux des habitants des villes, surtout quand ceux-ci jouissent des biens dangereux de la fortune.

Pour être à même de se livrer sans obstacle aux missions dans les campagnes, Maître Michel ne crut pouvoir se passer d'un cheval, dans la crainte que sa faiblesse et ses infirmités l'empêchassent de faire beaucoup de courses longues et fatigantes. Il acheta donc deux chevaux, l'un pour lui servir de monture, l'autre pour porter ses tableaux spirituels, ses papiers, ses images, et les petits cadeaux dont il se servait pour exciter le zèle et la sainte curiosité de ses auditeurs.

La première fois qu'il se servit de ses deux chevaux, il rencontra des pauvres paysans qui portaient sur leur dos, avec beaucoup de peine, de grosses charges de poissons. Ce bon prêtre, qui ressentait tout ce que les autres souffraient et voulait toujours les soulager de tout son pouvoir, eut une grande compassion pour ces bonnes gens, et les obligea de prendre ses deux chevaux pour porter leur poisson. Mais dès la nuit suivante un des chevaux fut étranglé par le loup, et l'autre se tua en tombant dans une fondrière, par la faute de ses conducteurs qui ne le surveillaient pas suffisamment.

Ces pauvres paysans furent en proie à une grande crainte. Ils s'imaginaient non seulement qu'il fallait rembourser très-cher le prix des chevaux, mais qu'il leur faudrait subir des mauvais traitements. Mais quelle fut leur surprise et leur joie, quand s'étant allé jeter aux pieds du missionnaire, il les releva en riant, et leur dit avec bonté : « Ce n'est rien que cela, mes amis ; Dieu nous préserve de plus grands malheurs que celui-là ! N'en parlons plus. Je vous assure que si vous voulez écouter assidûment mes instructions et en profiter, vous m'aurez donné bien plus que vous ne croyez me devoir. » Ces bonnes gens acceptèrent de grand cœur ce marché si avantageux sous tous les rapports.

Maître Michel adora la Providence de Dieu, et comprit biens ses desseins ; il prit donc la résolution d'aller désormais prêcher l'Évangile avec plus de liberté et un plus parfait détachement de tous les secours humains.

Les besoins des populations basses-bretonnes étaient alors extrêmes. Outre leur ignorance religieuse étonnante, le zélé missionaire avait à détruire un grand nombre de désordres et de superstitions. Ne pouvant toutes les énumérer, disons seulement que beaucoup de femmes balayaient soigneusement la chapelle la plus voisine de leur village ; et en ayant ramassé la poussière, elles la jetaient en l'air, afin d'avoir le vent favorable pour le retour de leurs maris ou de leurs enfants qui étaient sur mer.

D'autres prenaient les images des Saints, les menaçaient de mauvais traitements, les fouettaient même, ou les mettaient dans l'eau, s'ils ne leur accordaient pas l'objet de leurs demandes.

On souffrait en beaucoup d'endroits que les jeunes gens des deux sexes dansassent pendant une partie de la nuit, dans les chapelles qui sont fort nombreuses; et l'on eût presque cru commettre une sorte d'impiété en les empêchant de célébrer les fêtes des Saints d'une manière si profane et si dangereuse.

Au premier de l'an on faisait une espèce de sacrifice aux fontaines publiques, chacun offrant un morceau de pain couvert de beurre à celle de son village. On faisait encore au même jour à ces fontaines l'offrande d'autant de morceaux de pain qu'il y avait de personnes dans la famille ; et l'on jugeait quels étaient ceux qui devaient mourir dans l'année, par la manière dont les morceaux de pain flottaient sur l'eau.

Nous n'avons pas besoin d'ajouter que cette curiosité qui tourmente tous les hommes, le désir de connaître l'avenir, poussait presque tout le monde à consulter des devins, à se faire *dire la bonne aventure*, pratique criminelle et insensée, condamnée par l'Eglise, et cependant encore si commune chez tous les peuples.

Mais les offrandes que plusieurs faisaient au malin esprit étaient bien plus abominables. Ainsi ces pauvres gens croyant que Dieu avait créé le froment et le seigle, et que le diable avait produit le blé-noir ou sarrasin, grain de qualité inférieure aux autres, ils en jetaient, après la récolte, plusieurs poignées dans les fossés de leurs champs, pour l'offrir à Satan et se le rendre favorable. Il va sans dire que des *charmeurs* jetaient des *sorts* sur les gens et sur les bêtes, et qu'il fallait recourir pour les détruire à des exorcismes aussi ridicules que criminels, mais fort efficaces pour grossir la bourse du *sorcier* qui savait un peu son métier.

Remarquons à cette occasion que la croyance à des esprits, les uns bienfaisants, les autres malfaisants, existe et a toujours existé chez tous les peuples. C'est la doctrine de l'Eglise relativement aux bons et aux mauvais Anges, qui se retrouve ainsi partout et toujours, mais corrompue, altérée par l'ignorance et la superstition. Tous les peuples qui n'étaient point éclairés des lumières de la vraie foi se sont laissé tromper par les prestiges des démons et leur ont rendu le culte qui n'est dû qu'à Dieu seul. Nos esprits forts eux-mêmes se laissent tromper par les tables tournantes et les esprits frappeurs. C'est toujours le démon, ce *singe de Dieu,* comme on l'a si bien défini, qui sous mille formes diverses, tend à détourner l'homme de la connaissance et de l'amour de son Créateur, et à usurper sa place.

C'est l'ignorance des vérités libératrices de notre sainte religion, ainsi que la corruption du cœur, qui favorisent le règne de l'esprit de mensonge. Aussi Maître Michel s'attacha-t-il avec un zèle infatigable à instruire parfaitement ce pauvre peuple, et à l'amener à la réforme de ses mœurs par la réception assidue des sacrements de pénitence et d'Eucharistie, qui seuls peuvent purifier le cœur.

Dieu bénit tellement les efforts de son apôtre, qu'en peu de temps on vit tous ces pauvres paysans détester leurs superstitions et leurs désordres, et embrasser les pratiques d'une piété solide.

XVI.

Conversion merveilleuse des habitants de l'île de Sein. Le pêcheur François Le Sû en devient le recteur.

Pendant que Maître Michel évangélisait les paroisses de la côte de Cornouailles, il apprit que l'île de Sein était depuis plusieurs années privée de tout secours spirituel. Aussitôt il se détermina à s'y rendre, quoique le passage fût extrêmement dangereux et qu'il n'y eût presque aucune ressource dans cette pauvre île.

Elle est si peu élevée au dessus de la mer qu'il semble à craindre qu'elle soit envahie par les flots en courroux. Elle ne peut produire aucun arbre; on s'y chauffait alors avec du goëmon desséché, dont la fumée est fort désagréable. La terre aride ne produisait que de l'orge, et en si petite quantité que les trois quarts de l'année les insulaires étaient obligés de se nourrir de racines qu'ils mangeaient au lieu de pain avec un peu de poisson, sans beurre, sans huile et sans aucun autre assaisonnement. Ils ne buvaient jamais de vin à moins que quelque naufrage ne leur en fournît. L'eau même de leur unique puits était saumâtre, à cause du voisinage de la mer.

Dès l'âge de sept ou huit ans les hommes passaient leur vie à la pêche au milieu des tempêtes et des écueils, n'ayant pour se soutenir que du pain et de l'eau, et pour se défendre des vents et de la pluie rien que les voiles de leurs barques. Les femmes de l'île cultivaient à force de bras le sol arable, recueillaient l'orge, la réduisaient en farine dans des petits moulins à bras, enfin faisaient cuire ce pain grossier sous la cendre de goëmon.

Les habitants de l'île de Sein étaient aussi à craindre que leurs rochers inhospitaliers. Avant que Maître Michel ne fût venu les convertir, ces *démons de la mer*, comme on les appelait non sans raison, avaient la barbare coutume d'allumer des feux sur leurs récifs pour tromper les navigateurs, les attirer à leur perte, et profiter des débris de leurs navires. Quelques années auparavant, l'Evêque de Quimper, faisant sa visite sur la côte, manda le recteur de l'île, pour lui faire rendre compte de sa conduite. Mais on vit bientôt arriver sur leurs barques ces féroces insulaires; ils entourèrent l'Evêque, en redemandant insolemment leur recteur, et menaçant le Prélat de leurs grands coutelas. Le pauvre Evêque ne crut sa vie en sûreté que lorsque ces enragés furent tous remontés sur leurs barques pour retourner dans leur repaire.

On eût beau représenter à Maître Michel tous les dangers auxquels il allait s'exposer en affrontant cette mer redoutable et ces insulaires si sauvages, il répondit: « Si ces périls sont considérables, il y a encore bien plus de danger à ne pas se confier entièrement à la bonté et à la Providence de Dieu, et surtout à abandonner le salut des âmes rachetées du sang de Jésus-Christ. Souvenons-nous que nous sommes obligés de croire que c'est sauver sa vie, que de chercher les occasions de la perdre pour notre Créateur. »

Dieu bénit la confiance de son serviteur au-delà de toute espérance : il passa le raz sans presque s'apercevoir du danger, et il fut reçu par ces pauvres pêcheurs comme un ange du ciel. Jamais il ne trouva plus de docilité et d'assiduité à ses instructions que n'en montrèrent ces barbares. Il les prêchait et catéchisait deux fois par jour. Quand ils furent bien instruits, il leur fit faire à tous des confessions générales, qui furent suivies de changements si merveilleux qu'on n'aurait pu croire que c'était le même peuple qu'auparavant.

Ce changement prodigieux fut tellement durable que cinquante ans plus tard le P. Verjus écrivait ceci : « Une des choses les plus remarquables de cette île, c'est qu'on n'y voit jamais aucune bête venimeuse. Je ne sais pas depuis quand cette terre a commencé à jouir de cet heureux privilége, et je n'oserais assurer, comme quelques-uns, que Dieu l'ait accordé aux prières du saint abbé Guennolé, qu'ils croient y avoir fait quelque temps sa demeure. Mais je savais bien que depuis la mission que notre prêtre zélé fit dans cet île, elle s'est trouvée, par un miracle bien plus authentique et plus admirable, exempte de plusieurs monstres plus venimeux. On n'y connaît presque plus ni la haine, ni l'envie, ni la médisance, ni les querelles et les procès, qui sont les suites ordinaires de ces passions furieuses; on n'y souffre aucun péché scandaleux; toute la vertu et la ferveur des chrétiens de la primitive Église y fleurissent, et les exercices de piété s'y pratiquent avec plus d'exactitude, d'attention et d'assiduité qu'en aucun lieu de l'Europe. Il n'y a personne qui n'assiste tous les jours au sacrifice de la messe, à moins d'impossibilité absolue. La plupart se confessent régulièrement tous les mois. Ils vont le matin et le soir à l'église adorer le Sauveur du monde dans le Saint-Sacrement, et l'on ne voit jamais personne manquer d'assister aux vêpres des fêtes et des dimanches. Ces bons marins font deux chœurs à l'office divin, avec une harmonie, une dévotion et une modestie qui donna de l'admiration à leur illustre Prélat, Mgr du Louet, quand il alla les visiter.

Notre sage missionnaire avait l'habitude, dans

chaque lieu où il faisait mission, de gagner à Dieu d'une manière toute particulière quelques personnes considérables, afin que leur perfection servît d'exemple aux autres, et pour que leur zèle ardent continuât son œuvre après son départ. Il y avait dans l'île de Sein un pêcheur, nommé François Le Sû. Il jouissait de la considération générale, à cause de son intelligence et de ses nobles qualités. Maître Michel s'attacha à former ce brave homme à la piété avec une application si particulière, qu'on aurait pu facilement juger qu'il avait déjà connaissance des desseins de Dieu sur ce pêcheur, qui devait devenir un solide instrument de la gloire divine.

Il lui inculqua le goût des livres spirituels destinés aux âmes désireuses de la perfection; il lui apprit à méditer sur les mystères de notre religion, et à se dégager de l'affection des créatures pour s'unir entièrement à Dieu. Il lui donna pour l'aider les méditations du P. Louis Du Pont et quelques autres ouvrages non moins solides. Il lui enseigna aussi de saintes industries pour instruire et édifier les autres insulaires. Plus tard, quand il eut quitté l'île, il continua de cultiver cette âme d'élite; il lui communiquait dans des lettres fréquentes les nouveaux moyens de faire du bien que Dieu lui inspirait, il lui envoyait des méditations, des cantiques, des énigmes spirituelles et tous les autres écrits qu'il composait et qu'il jugeait propres à faire avancer François-Le Sû dans la perfection, et à éclairer et fortifier de plus en plus son zèle.

Ce brave homme fut choisi pour capitaine de l'île par tous les pêcheurs, ce qui lui permit de les porter, avec une autorité plus grande encore qu'auparavant, aux pratiques pieuses que Maître Michel leur avait enseignées. Ce fut un grand bonheur et un grand bienfait de la divine Providence que François Le Sû eût la science et le zèle suffisants pour entretenir la piété parmi ce bon peuple, car les ecclésiastiques qui étaient envoyés dans l'île pour faire les fonctions de pasteurs étaient en général bien vite dégoûtés de ce séjour triste et incommode, de sorte que ces pauvres insulaires étaient bien souvent sans prêtres et sans sacrements.

Il faut avouer, du reste, qu'il aurait fallu un courage et un zèle tout apostolique, pour braver les dangers et les gênes extrêmes de cet affreux exil. Ainsi, le presbytère ne se composait que d'une petite cellule, plus semblable à un sépulcre qu'à l'habitation d'une créature humaine; et de plus les orages et les pluies presque continuels dans ce pays ne permettaient guère de sortir de ce *terrier* pour respirer un air plus sain. Tout le revenu du recteur ne consistait que dans le prélèvement d'un seul poisson par chaque bateau de pêcheur, au retour de la pêche.

En 1641, vingt-huit ans après la mission de Maître Michel dans cette île, le P. Maunoir, accompagné du P. Bernard, son fidèle compagnon dans ses missions, vint, d'après l'avis de Maître Michel, apporter les secours de la religion à ces bons insulaires privés de pasteur depuis longtemps. Quels ne furent pas la joie et l'étonnement des missionnaires de trouver l'église bien tenue, avec une lampe allumée devant l'autel, mais surtout d'entendre ces bons pêcheurs répondre à toutes leurs demandes sur la religion, et chanter à la grand'messe sans détonner! Le bon capitaine Le Sû avait conservé les fruits de la mission de Maître Michel avec un zèle admirable.

Voyant l'île sans prêtre, il suppléa, autant que le peut faire un laïque, à ce malheureux abandon. Ainsi il réunissait tous les insulaires à l'église les dimanches et les jours de fêtes, il leur faisait chanter à deux chœurs tous les passages de l'office divin que peuvent chanter les laïques, il leur faisait faire une dévote procession avec croix et bannière, et l'on y chantait les litanies de la Sainte Vierge avec une modestie admirable. Il annonçait les fêtes et les jeûnes de la semaine. La soirée ne se passait pas d'une manière moins édifiante. Le capitaine faisait chanter les vêpres, puis il faisait la lecture de quelque passage d'un des livres que lui envoyait Maître Michel, ou bien il faisait lui-même une exhortation pathétique sur la fête du jour. Tous les ans, le Vendredi-Saint, il faisait à toute la paroisse assemblée dans le cimetière un discours touchant sur la Passion de Notre-Seigneur. En un mot, le bon capitaine avait si heureusement entretenu dans l'île l'esprit de piété, que le P. Maunoir et son compagnon ne trouvèrent jamais un terrain mieux préparé, et produisirent des fruits de salut merveilleux.

Mais la pensée qu'il laissait ces bons insulaires sans pasteur affligeait fort le P. Maunoir. Toutes les tentatives faites par Mgr du Louet, pour décider quelque ecclésiastique à se fixer dans cette île désolée, ne fût-ce que pour quelques années seulement, avaient complétement échoué. Le P. Maunoir eut tout-à-coup l'inspiration d'offrir au capitaine Le Sû la charge de pasteur qu'il avait remplie longtemps, autant qu'il était possible à un laïque.

A cette propositon que lui fit le P. Maunoir, le capitaine répondit : «Depuis plusieurs années il me semble toujours entendre l'appel de Dieu vers ces fonctions augustes. Mais j'ai toujours chassé cette pensée comme une tentation d'orgueil, car mon peu de vertu et de capacité ne me permettent pas d'aspirer à une si haute dignité. Aussi je n'ai jamais osé parler à personne de cet attrait qui me pousse vers une charge si au-dessus de ma profession de pêcheur. Cependant si l'on jugeait que je pusse ainsi procurer la gloire de Dieu et le salut des âmes, je serais prêt à obéir. »

Consulté à ce sujet par le P. Maunoir, Maître Michel approuva complétement l'idée de faire nommer François Le Sû recteur de l'île de Sein ; et du Conquet, où il était alors retiré, il n'omit rien pour contribuer par ses avis et par ses lettres, à bien disposer son cher disciple au sacerdoce et à la vie apostolique. Le P. Maunoir engagea alors le capitaine à se rendre à l'abbaye de Landeveneo, de laquelle dépendait l'île de Sein, où, sur sa recommandation, les religieux l'instruiraient des rubriques de la messe et du bréviaire, et des cas de concience qui pourraient se présenter le plus ordinairement au milieu de ce bon peuple. François Le Sû consentit volontiers à cette proposition ; et cette nouvelle donna tant de joie aux insulaires qu'ils offrirent de payer la pension de leur futur recteur à Landevenec.

Deux mois s'étaient écoulés lorsque le P. Maunoir, alors à Quimper, vit venir à lui le bon capitaine qui lui dit avec simplicité : «Mon Père, les religieux qui m'ont instruit m'ont dit que j'en savais assez pour recevoir les ordres. Je viens donc, sur leur parole, vous prier de me présenter aux grands-vicaires, qui gouvernent le diocèse, en attendant que Mgr du Louet soit sacré, et d'obtenir d'eux un dimissoire pour que je puisse recevoir les ordres sacrés. »

Le Père reçut-il à ce moment quelque lumière d'en haut ? Le fait est qu'il ne parut pas surpris de la prière de ce singulier ordinand, vêtu comme tous les pêcheurs de son île, en bonnet de laine bleue et en jupon de toile, et ayant un sac roulé autour du bras. Il se contenta de le faire mettre en habits plus convenables, et lui dit d'aller se présenter lui-même, sûr que Dieu l'assisterait.

Le bon homme alla tout droit parler aux grands-vicaires; il leur raconta avec simplicité ce qu'il avait fait jusque-là et ce qu'il désirait faire désormais. Les grands-vicaires ne purent s'empêcher de rire à la vue de ce vieillard, qui toute sa vie s'était occupé à la pêche, et qui assurait avoir la vocation ecclésiastique et vouloir remplir les fonctions de recteur. Sans songer à l'interroger, on le renvoya à sa pêche et à ses filets.

Mais la Providence voulut que François Le Sû rencontrât en sortant le P. Pinsart, dominicain, théologal de la cathédrale. Cet homme de mérite et de piété l'arrêta, et ayant su de lui tout le détail de sa vocation et l'abandon des pauvres habitants de l'île de Sein, il fit rentrer le capitaine à l'Evêché, et représenta aux grands-vicaires que puisqu'il s'agissait de donner un recteur à un pays où aucun ecclésiastique ne voulait aller, on pouvait passer par dessus les règles ordinaires, qu'il ne fallait par renvoyer à la légère un homme qui semblait être envoyé de Dieu.

On se mit donc à l'interroger. On lui présenta le Missel. Il l'ouvrit au hasard et tomba sur l'Evangile où saint Pierre confesse la divinité de Jésus-Christ, et où Notre-Seigneur promet à l'Apôtre de lui donner le gouvernement de son Eglise. François Le Sû fit la lecture de cet Evangile sans aucune hésitation, et en marquant bien les accents, les points et les virgules, ce qui plut beaucoup aux examinateurs. Ils lui firent ensuite traduire en français ce qu'il venait de lire. Il le fit avec tant d'aisance et d'exactitude, que tout étonnés ils convinrent qu'il y avait alors dans le diocèse bien des recteurs qui n'auraient pas pu en faire autant.

Il ne répondit pas moins bien sur un grand nombre de cas de conscience qu'on lui proposa. De sorte qu'on lui accorda avec justice le dimissoire qu'on lui avait d'abord refusé par prévention.

Après avoir été prendre à Saint-Pol-de-Léon les ordres sacrés, il alla dans l'île de Sein dire sa première messe. Quoique appelé à la vigne du Seigneur à la onzième heure, il laissa bien loin derrière lui les ouvriers qui avaient été employés avant lui. Toujours guidé par Maître Michel, il gouverna pendant sept années son troupeau avec un zèle et une sagesse admirables. Entre autres industries pieuses qu'il employa avec un grand succès, il apprit si bien à toutes ses ouailles les cantiques spirituels de Maître Michel, cantiques qui contenaient tous les principaux points de la doctrine chrétienne, que tous les pêcheurs de l'île remplacèrent leurs chansons profanes par ces cantiques pieux, et finirent par les apprendre à tous les matelots du voisinage. En sorte que toute cette côte retentissait sans cesse de ces chants qui réjouissaient le ciel et la terre.

Ces bons pêcheurs ont remarqué que depuis lors la mer est devenue bien plus clémente, et que ces côtes qui voyaient auparavant briser chaque année plusieurs de leurs embarcations, n'avaient pas vu au bout de vingt années périr un seul homme. Ils attribuaient cette faveur aux mérites de leur bon recteur, qui mourut en odeur de sainteté. Sa mémoire est restée en grande vénération, aussi bien que celle du saint missionnaire qui avait disposé si heureusement François Le Sû à être élevé, comme le Prince des Apôtres, du métier de pauvre pêcheur de poissons à l'éminente dignité de pêcheur et de pasteur des âmes.

8

XVII

Maître Michel s'établit à Douarnenez. Il évangélise ce pays, non sans de grandes contradictions.

Après sa mission dans l'île de Sein, Maître Michel consentit, à la prière de l'Evêque de Cornouailles, à faire quelque temps les fonctions de recteur dans la paroisse de Meilland, qui se trouvait alors sans pasteur. Mais il ne tarda pas à reprendre la vie de missionnaire, à laquelle Dieu l'avait appelé si évidemment. Il donna alors une seconde mission à Quimper, et y gagna encore quelques âmes à la vie parfaite.

Cependant il se demandait quel lieu il devait ensuite évangéliser. Il se sentit, un jour, inspiré de demander à Dieu, par l'entremise de la Sainte Vierge, sa bonne Mère, de lui faire connaître l'endroit où il pourrait le mieux procurer la gloire divine et le salut des âmes. La Reine des Apôtres obtint en effet à son fidèle serviteur une lumière céleste dans laquelle il vit clairement qu'il devait aller instruire les populations de la baie de Douarnenez; et il reçut d'en haut une assurance infaillible que Dieu accompagnerait de grâces et de secours extraordinaires toutes les difficultés et toutes les souffrances qui l'attendaient dans cette sainte entreprise.

Le 22 mai 1615, Maître Michel vint se fixer à Douarnenez. Cette petite ville comptait à cette époque deux mille âmes de population ; et sa situation permettait au missionnaire de donner une grande expansion à son zèle. Toute cette côte était fort peuplée de pêcheurs et de paysans, très-ignorants, il est vrai, de toutes les vérités du salut; mais leur vie rude et pauvre les prédisposait à recevoir avec fruit la bonne semence de la parole divine, semence trop souvent étouffée par les épines des biens de la fortune et des jouissances qu'elle procure. Le commerce de sardines attirait en outre un grand nombre de marchands et de marins, qui venaient chercher cet utile poisson jusque d'Espagne, de Portugal et même d'Italie. Le zélé missionnaire espérait bien procurer à ces trafiquants des biens infiniment supérieurs à ceux qu'ils venaient rechercher sur cette côte.

A peine arrivé à Douarnenez, Maître Michel alla prendre la bénédiction du recteur de Plouaré (c'était alors l'église paroissiale de Douarnenez; mais comme elle était un peu éloignée de la ville, les habitants assistaient d'ordinaire aux offices dans l'église de Sainte-Hélène, située dans leurs murs). Le recteur, qui avait été témoin, au Conquet, du zèle apostolique de l'homme de Dieu, fut ravi de le voir venir travailler au salut de son peuple. Sans perdre un instant, le missionnaire alla se prosterner devant le tabernacle de l'église de Sainte-Hélène; là il offrit à Notre-Seigneur, avec un cœur brûlant d'amour, son désir ardent d'augmenter la gloire qui est due à son saint Nom ; puis il alla lui-même sonner la cloche en plein son.

Les habitants de Douarnenez entendant sonner ainsi à une heure et à un jour inaccoutumés, furent très-surpris, et crurent que la cloche les appelait au feu. Ils accoururent donc à l'église en grand nombre pour voir de quoi il s'agissait. Ils trouvèrent le prédicateur en chaire ; il leur dit que le danger où ils étaient surpassait de beaucoup celui qu'ils redoutaient, et que le feu éternel était infiniment plus à craindre que celui de la terre. Puis il leur parla avec une ardeur extraordinaire de la rigueur des jugements de Dieu, et des soins qu'ils devaient prendre pour les prévenir, en se faisant instruire des vérités nécessaires au salut, et en embrassant les exercices de la pénitence.

La plupart des auditeurs, au lieu de profiter de ces bons conseils, ne firent que rire de leur fausse alarme, et conçurent du mépris pour le prédicateur qui, disaient-ils, leur avait fait peur si mal à propos. Ils ne parlèrent de lui que comme d'un insensé, tant son action leur semblait extravagante. Mais un certain nombre de personnes jugèrent plus sainement de la vertu et du mérite du prédicateur, et se sentirent émues, à ses paroles, du désir de faire pénitence et de se donner à Dieu.

De ce nombre fut un ecclésiastique dont la vie jusque-là n'était pas exemplaire. Il fut touché de la grâce et prit la résolution de se convertir parfaitement. Il alla aussitôt après le sermon féliciter le saint missionnaire du bien qu'il n'allait pas manquer de faire dans le pays; et il le supplia de venir partager sa maison et sa table. Maître Michel accepta cette proposition; et le spectacle de sa vie angélique acheva ce qu'avait commencé sa prédication. Il ne se servait ni du lit ni de presque rien de ce qui paraissait sur la table se son hôte; il continua, malgré les instances de celui-ci, à coucher sur la dure et à ne prendre que juste ce qu'il fallait pour ne pas mourir de faim.

Une vie si édifiante, et les prières ferventes de Maître Michel opérèrent dans cet ecclésiastique un changement si complet, qu'il renonça entièrement aux vices qui le déshonoraient, et mena la vie la plus exemplaire, pendant quarante-deux ans qu'il vécut encore. Cet heureux converti s'attacha, sous la conduite de son cher maître, à le seconder dans ses œuvres de charité apostolique. Il lui obéissait avec la soumission et le respect d'un fervent novice pour son supérieur. Maître Michel utilisa cette bonne volonté parfaite qui ne se démentit jamais, surtout pour l'instruction des pauvres ignorants, et des enfants, auxquels ce bon prêtre enseignait les éléments de la doctrine chrétienne avec un zèle et une patience infatigables.

L'ignorance était si grande dans ce pays que la plupart des gens ne savaient ni l'Oraison dominicale, ni aucune autre prière, ni même les principales vérités de la religion, dont la connaissance est cependant absolument indispensable pour se sauver. Maître Michel dut en conséquence mettre ses premiers soins à instruire ces pauvres ignorants des grands mystères de la religion, à leur faire apprendre par cœur en latin et en breton, et à leur expliquer avec beaucoup de clarté l'Oraison dominicale, la Salutation angélique, le Symbole des Apôtres, les commandements de Dieu et de l'Église, des formules pour la confession, des actes de foi, d'espérance, de charité et de contrition.

Il n'y eut d'abord que peu de personnes qui daignassent assister aux instructions familières de *ce prêtre étranger qui avait la prétention de les traiter comme des enfants.* L'orgueil de ces pauvres aveugles les empêchait de reconnaître que leur ignorance était la même que celle des petits enfants, et de plus, qu'elle était sans excuse, et que par conséquent il fallait de toute nécessité rapprendre leur catéchisme. Les plus modérés disaient qu'ils étaient trop vieux, et qu'ils n'avaient plus assez de mémoire pour apprendre à grand'peine des choses que leurs ancêtres avaient ignorées sans qu'ils s'en fussent trouvés plus mal, et sans qu'ils en eussent été moins heureux ou moins honnêtes gens. D'autres plus malicieux, furieux d'entendre le missionnaire faire en chaire le tableau de leurs vices et de leurs fautes les plus cachées, attribuaient cette connaissance surnaturelle des consciences à l'esprit malin, et publiaient partout que l'homme de Dieu n'était qu'un sorcier. Il s'en trouva même qui assuraient qu'il était l'Antechrist, et que le monde était fort près de sa fin.

Ces sottes oppositions ne firent aucune impression sur le saint missionnaire. Il faisait chaque jour à l'église un sermon et un catéchisme, et il continua ces pieuses instructions pendant vingt ans avec la même exactitude que le premier jour, quand ses courses dans les paroisses des compagne voisines ne l'en empêchaient pas.

Peu à peu la grâce augmenta le nombre des personnes qui s'étaient données toutes à Dieu sous sa direction, et les persécutions ne firent qu'affermir leur vertu. Les ennemis du missionnaire en vinrent à ce point de déraison qu'ils défendirent à leurs femmes et à leurs enfants d'aller entendre ses instructions, qu'ils appelaient des contes et des balivernes. Ils essayèrent même de faire défendre ces réunions par la police, sous prétexte qu'il était du devoir de l'autorité d'empêcher de perdre ainsi un temps qu'on devait employer au travail et aux soins du ménage.

Mais il se trouva des chrétiens courageux qui prirent la défense du missionnaire, et prouvèrent par leur propre expérience que le soin d'entendre la parole de Dieu et d'assister à la sainte messe, loin de les avoir appauvris, avait attiré sur leurs biens la bénédiction du ciel d'une manière visible; tandis qu'on voyait diminuer chaque jour la fortune de ceux qui s'opposaient à la prédication de l'Evangile, et qui consacrant tout leur temps au soin des affaires temporelles, refusaient d'en employer une partie aux affaires spirituelles.

Dès ce temps-là on ne manquait pas de prétendus sages qui n'attendaient que de leur industrie la réussite de leurs affaires, oubliant cette parole de l'Écriture: *Ce n'est point à celui qui plante ni à celui qui arrose qu'est dû l'accroissement de l'arbre, mais à Dieu.*

XVIII

Moyen très-efficace employé pour obliger les habitants de Douarnenez à s'instruire de leur religion. Miracles de Maître Michel.

Peu à peu le nombre de ceux qui sentaient la nécessité de s'instruire des vérités religieuses, augmentait autour de la chaire de Maître Michel; mais la plus grande partie des habitants de Douarnenez et des environs, retenue par une mauvaise honte, croupissait obstinément dans une ignorance inqualifiable. Après avoir prié avec une grande ferveur, le missionnaire alla trouver le recteur, et lui fit comprendre qu'il était nécessaire de s'assurer de l'instruction suffisante des personnes qui voulaient recevoir les sacrements, de même que cela se pratique pour ceux qui demandent à recevoir le sacrement d'Ordre. « Vous êtes certain, lui dit-il, que le plus grand nombre de vos paroissiens ne sont point instruits, et cela par leur faute, des choses qu'il faut absolument savoir pour pouvoir se sauver; vous devez donc mettre un terme à une infinité de sacriléges et de profanations, et mettre en sûreté votre salut en assurant celui de votre troupeau. Vous y parviendrez en prenant une mesure énergique, à laquelle votre devoir vous oblige ; ce sera de n'admettre personne à la réception des sacrements de confession, d'Eucharistie, de mariage, non plus qu'à être parrains ou marraines aux baptêmes, à moins qu'on n'ait justifié d'une instruction religieuse élémentaire suffisante. »

Cette idée si simple et si pratique reçut l'approbation du recteur. Il annonça cette décision en chaire, et chargea Maître Michel et deux autres ecclésiastiques d'examiner tout le monde, et de délivrer le certificat d'instruction exigé pour recevoir un sacrement quelconque. Cette décision produisit un grand étonnement dans l'auditoire.

Alors Maître Michel montant en chaire expliqua avec une grande douceur combien ce règlement était nécessaire. Il fit comprendre qu'il était très-facile avec un peu de bonne volonté, d'apprendre en très-peu de temps les éléments de la religion, comme il le leur montrerait par ses instructions de chaque jour ; il ajouta enfin qu'il irait volontiers instruire chez eux ceux qu'une mauvaise honte empêcherait de venir s'instruire à l'église. Le missionnaire gagna ainsi tous les cœurs, et l'on vit la presque totalité des pêcheurs et des paysans de la ville se faire instruire avec zèle des vérités du salut.

L'homme de Dieu, qui savait mettre tout à profit pour faire le bien, imagina de profiter de la mauvaise habitude qu'avaient les gens de la campagne de se réunir plusieurs fois la semaine pour danser pendant une partie de la nuit. Il envoya à ces réunions les plus instruits de ses disciples, qui parvinrent à changer ces assemblées profanes et dangereuses en pieuses conférences sur la doctrine chrétienne.

Enfin il n'oublia pas les malades, et il alla les catéchiser chez eux à la ville et à la campagne. En même temps il allait trouver les quelques récalcitrants qui abritaient leur paresse sous le prétexte de leur peu de mémoire et d'intelligence. Il leur faisait voir adroitement qu'il n'est pas plus difficile de comprendre et de retenir les éléments de la religion que mille choses relatives à leurs affaires temporelles, à leur métier ou à leur commerce (choses sur lesquelles, soit dit en passant, chacun réfléchit avec plus d'attention qu'il n'en faudrait pour faire une méditation sur la Passion, par exemple). Il leur montrait qu'ils avaient bien trouvé assez de mémoire pour apprendre quantité de chansons mauvaises ou inutiles, et qu'il n'en fallait pas autant pour apprendre les vérités religieuses essentielles. Tout en causant ainsi amicalement, le bon missionnaire les instruisait sans qu'ils y pensassent d'une partie des vérités religieuses qu'ils devaient apprendre; et leur joie était très-vive lorsqu'il leur faisait remarquer que la moitié du travail était déjà faite. Ils mettaient alors autant d'ardeur à venir s'instruire à ses instructions publiques qu'ils y avaient mis auparavant de mauvaise volonté.

Dieu répandit tant de bénédictions sur le zèle et les saintes industries de son apôtre qu'en peu de mois cette immense paroisse de Plouaré se trouva instruite bien plus parfaitement que d'autres ne le seraient en plusieurs années. Maître Michel fit alors venir sa sœur Marguerite, pour achever auprès de son sexe ce qu'il avait si heureusement commencé. L'ardente charité de cette sainte fille produisit des fruits vraiment étonnants.

Le démon, jaloux du bien immense que faisait le saint missionnaire, essaya de l'entraver ; mais ses ruses tournèrent à sa confusion. Un certain nombre de personnes des plus riches de la paroisse, trouvaient fort au dessous de leur dignité de recevoir des leçons de catéchisme, et de se faire interroger sur cette science *bonne pour des enfants*. Ces personnages, trop occupés d'affaires bien plus importantes que le salut de leur âme, intentèrent procès à leur recteur devant l'official du diocèse, l'accusant d'introduire des nouveautés suspectes et vexatoires. On devine facilement la décision du juge ecclésiastique. Il condamna les prétentions de ces bourgeois, qui ne se contentant pas d'être les plus riches des biens de la fortune, voulaient en outre être les plus riches en fait d'ignorance. Il loua fort le recteur et l'encouragea à continuer de s'assurer, par des examens sérieux, de l'instruction de ses ouailles. De sorte que cette pratique, ainsi recommandée par l'autorité, s'étendit dans d'autres paroisses et répandit l'instruction religieuse d'une manière inespérée.

Maître Michel était donc enfin arrivé à décider tout le monde à s'instruire de notre sainte religion. Comment, du reste, eût-on pu résister non-seulement à son zèle et à sa charité sans bornes, mais aussi à la puissance de Dieu même? En effet le Ciel lui-même intervint pour donner une autorité irrésistible aux paroles de son apôtre. Nous ne pouvons rapporter ici tous les miracles que l'homme de Dieu opéra en si grand nombre. Parmi plusieurs résurrections, qui montrèrent d'une manière éclatante que Maître Michel tenait du Ciel sa mission apostolique, rapportons celle qu'il opéra en faveur de Jean Le Moal.

Pendant que sa mère était enceinte de cet enfant, elle fut affligée de peines d'esprit et de maladies si violentes qu'on craignit pour sa vie et pour le salut de son âme, de sorte que l'enfant qu'elle portait courait grand danger d'être privé de la grâce du baptême. Maître Michel obtint miraculeusement la guérison de l'âme et du corps de cette pauvre femme, et elle accoucha heureusement d'un garçon qui reçut au baptême le nom de Jean. Cet enfant mourut avant d'atteindre l'âge d'un an. Il fut enseveli, en présence de sa mère et de plusieurs autres personnes, par une femme qu'elle avait priée de l'aider charitablement.

Le petit corps demeura enseveli pendant vingt-quatre heures, et chacun, selon la coutume, allait l'arroser avec l'eau bénite qu'on avait mise dans un plat sur la poitrine du cadavre. On était sur le point de le porter en terre, et la mère cherchait depuis plusieurs heures les personnes qui devaient lui rendre ce service charitable, lorsque Maître Michel entra chez cette pauvre mère pour la consoler. Il lui dit d'abord: « Ne cherchez personne pour porter votre enfant en terre. Vous vous êtes donné assez de peine comme cela. Reposez-vous maintenant sur la Providence paternelle de Dieu, qui saura bien donner à vous et à votre enfant tout ce qui vous sera nécessaire, et qui peut même rendre la vie à l'enfant s'il le juge à propos. »

Cette femme, bien convaincue du crédit du saint homme auprès de Dieu, par l'expérience qu'elle en avait déjà faite, fut remplie de confiance en entendant ces paroles. On vit alors Maître Michel se mettre a genoux, prier quelque temps avec beaucoup de ferveur, puis faire le signe de la croix sur la bouche de l'enfant mort. Ensuite il sortit promptement.

Quelle ne fut pas la surprise des assistants quand ils virent aussitôt l'enfant revenir à la vie sans aucune trace de faiblesse ni de maladie! Il a vécu encore quinze années à Douarnenez, où tout le monde l'appelait *Jan so bet maro, Jean qui a été mort.* Une information juridique constata la réalité de ce grand miracle.

Nous renvoyons à l'ouvrage du P. Verjus ceux qui désireraient lire le récit d'un grand nombre de guérisons miraculeuses opérées par le serviteur de Dieu; encore ce véridique historien ne mentionne-t-il pas la centième partie des prodiges que le Ciel accorda à son apôtre. On nous saura gré de rapporter encore le fait suivant.

Une dame déjà âgée de soixante ans avait toujours été incrédule au dogme de la présence réelle de Notre-Seigneur dans l'Eucharistie. Elle avoua au missionnaire son affreux état. Le saint homme sachant que ces maladies de l'esprit ne sont pas faciles à guérir par des raisonnements, ne discuta point avec cette pauvre femme, il se contenta de la promesse qu'elle lui fit d'assister à sa messe.

A peine eut-il achevé le saint sacrifice, que cette

dame allant se jeter à ses pieds lui dit avec une joie et une émotion profondes: « Ah! mon Père, je crois maintenant fermement que le Sauveur est dans le Sacrement de l'autel; car je l'ai vu entre vos mains, à l'élévation, sous la forme d'un petit enfant resplendissant d'une joie et d'une beauté merveilleuses; il baissait amoureusement la tête vers vous. » Plusieurs personnes, témoins de la conversion subite de cette dame, lui ont souvent entendu raconter, avec une admiration et une reconnaissance touchantes, cette grâce qu'elle avait reçue par l'intercession du serviteur de Dieu.

Il n'est pas étonnant que les nombreux miracles opérés par le missionnaire aient donné à son zèle une autorité qui triompha de tous les obstacles. Aussi vit-on toute la population de ce canton se presser en foule aux instructions de cet homme extraordinaire.

Il lui fallut non-seulement faire disparaître l'inconcevable ignorance de ces pauvres gens, mais surtout les amener à embrasser une vie vraiment chrétienne, ce qui n'était pas sans de grandes difficultés, à cause des vices et des superstitions qui étaient depuis fort longtemps passés en habitude; l'ivrognerie notamment était si commune, qu'on peut regarder comme un grand miracle de la grâce, que l'homme de Dieu soit parvenu à en délivrer tant de personnes.

Après avoir déraciné les vices et les mauvaises habitudes, le zélé missionnaire réussit à établir dans les âmes une dévotion large et solide, dégagée des craintes et des scrupules serviles.

Le succès qui couronna son zèle admirable dépassa toute attente. Ceux qui avaient été témoins des désordres qui régnaient dans ce canton avant la venue du missionnaire, étaient singulièrement surpris et édifiés d'y trouver quelques années plus tard une parfaite image de la primitive Eglise. Vingt ans après le départ de Maître Michel, l'ordre et la piété s'y étaient conservés étonnamment. On remarquait la modestie de ces bonnes gens quand ils allaient dans les villes voisines ; leur ardeur pour entendre prêcher la parole de Dieu ; la bonne éducation de leurs enfants, qui étaient instruits de leur religion, avant l'âge de quatre ans ; les prières et autres exercices de piété se faisaient dans les familles avec une régularité parfaite ; les sacrements étaient reçus fréquemment, il régnait entre tous une harmonie et une bonne intelligence fort édifiante ; enfin, on ne pouvait s'empêcher d'admirer leur douceur, leur charité, leur affabilité, leur probité dans les affaires, vertus qui contrastaient si fort avec la manière d'être de la plupart des gens de la même profession. On peut dire que ce changement général si prodigieux et si durable de toute une population fut un miracle plus difficile que la résurrection d'un grand nombre de morts.

Maître Michel se faisait aider dans ses travaux apostoliques non-seulement par quelques ecclésiastiques zélés, mais aussi par trois veuves instruites, prudentes et pleines de dévouement. Elles se partageaient le soin d'instruire les ignorants, de visiter les malades, de réconcilier les ennemis et de réunir les aumônes, qu'elles distribuaient en grande abondance et avec un soin fort judicieux.

Remarquons, à ce propos, avec quelle simplicité de formes, quelle économie et quelle libéralité l'esprit catholique a toujours su organiser la charité. Nos modernes philanthropes n'ont fait que singer fort mal et à grands frais les institutions charitables de l'Eglise. Leur bienfaisance officielle peut bien bâtir de beaux hôpitaux, faire distribuer des secours par une coûteuse armée de fonctionnaires; mais il n'y a que l'amour de Dieu et du prochain en vue de Dieu, en un mot la charité chrétienne, qui puisse inspirer ce dévouement fraternel, qui donne largement, avec joie, avec tendresse, et qui se donne lui-même, mais surtout qui sauve l'âme en secourant le corps.

XIX

Claude Le Bellec, Domnat Rolland, Anne Keraudren et Clémence Le Goff.

On nous saura gré de donner quelques détails intéressants sur ces trois saintes veuves qui se dévouèrent si utilement au salut des habitants de Douarnenez.

Claude Le Bellec était marchande ; elle réussissait

fort bien dans son commerce, mais elle ne s'occupait nullement de rechercher les biens du ciel. Dieu lui fit la grâce d'inspirer à Maître Michel la pensée de venir loger chez elle, à son arrivée à Douarnenez, Le serviteur de Dieu chassa bientôt de cette maison l'ignorance, la vanité dans la toilette et l'avarice, qui y régnaient ; et il fit naître dans le cœur de son hôtesse, en l'instruisant avec beaucoup de soin, un ardent désir de la perfection.

Ce fut une merveille de voir en peu de temps cette personne qui ne savait pas lire, parvenue à la connaissance la plus approfondie des mystères de la religion, éclairée relativement à la vie intérieure et à la connaissance de soi-même, à un tel point qu'il était facile de s'apercevoir que le Saint-Esprit l'avait instruite lui-même. Elle prenait sur son sommeil pour se livrer chaque jour à l'oraison mentale, tant ses journées étaient remplies ; et ne sachant point lire, elle se servait d'un livre de peintures pieuses que lui avait fait son saint directeur, pour l'aider dans sa méditation. Elle acquit ainsi un don de contemplation remarquable, et son cœur restait habituellement uni à Dieu, même au milieu des œuvres les plus laborieuses. Maître Michel voyant que cette sainte femme était embrasée d'un zèle ardent pour le salut des âmes, mit à profit sa bonne volonté, et l'on ne saurait dire combien elle l'aida à faire le bien à Douarnenez et dans tout le canton, à vingt lieues à la ronde. Elle excellait à instruire les ignorants, et le faisait avec une clarté et une onction incroyables. Elle commença ce saint exercice dans les maisons de ses parents et de ses amis ; et, quoiqu'elle ne les instruisît d'abord et ne leur expliquât les peintures spirituelles, que comme en passant et par occasion, peu à peu on vint l'écouter en si grand nombre, dans les maisons où elle faisait ses instructions familières, qu'elle a enseigné de cette façon leur religion à plus de dix mille personnes.

Claude Le Bellec donna ensuite plus d'essor à son zèle, d'après le conseil de Maître Michel et de l'évêque de Cornouailles. Ainsi elle se rendait aux assemblées nombreuses qui se tenaient auprès des églises et chapelles, à l'occasion de la fête du saint auquel elles étaient dédiées. Ces réunions avaient été fort édifiantes dans l'origine ; mais elles n'étaient guère plus que des parties de plaisir ; les danses prolongées, l'ivrognerie et même des rixes sanglantes, tel était le spectacle qu'offraient trop souvent alors ces prétendus pèlerinages.

Claude Le Bellec allait à ces assemblées, et après avoir pieusement accompli ses devoirs religieux, elle se plaçait dans quelque endroit d'où elle pût être entendue de beaucoup de monde ; en présence de quelque ecclésiastique, elle prenait quelques pauvres femmes, déployait devant elles ses peintures symboliques, et se mettait à les leur expliquer avec beaucoup de douceur et de charité. La curiosité attirait bientôt un grand nombre de personnes, qui abandonnaient leurs autres divertissements pour celui-ci, et se trouvaient mieux instruites de nos mystères par un entretien d'une demi-journé, qu'elles ne l'auraient été par un grand nombre de sermons.

Cette bonne veuve avait pour les membres souffrants de Jésus-Christ une charité si héroïque, que souvent Dieu montra par des guérisons miraculeuses combien il agréait le dévouement de sa servante. Ainsi une pauvre fille était dévorée par un horrible cancer, qui la réduisit à un état si affreux que tous ses parents, ne pouvant plus supporter l'odeur infecte qu'elle répandait, la chassèrent impitoyablement de chez eux. Aussitôt que Claude Le Bellec en fut instruite, elle accourut, prit chez elle cette infortunée, et lui prodigua tous les soins les plus affectueux. Au grand étonnement de tout le monde, cette pauvre fille recouvra bientôt une santé parfaite, quoique les médecins eussent déclaré incurable cette maladie, qui, du reste, ne pardonne jamais. Tout le monde attribua cette cure merveilleuse aux prières de Claude Le Bellec.

Dieu accorda plusieurs fois des faveurs miraculeuses à la foi vive de sa servante ; mais elle ne s'attachait nullement à ces grâces d'un ordre extraordinaire; elle souhaitait bien davantage les mépris, les souffrances, et tout ce qui la rapprochait de Jésus crucifié. Elle fut exaucée pendant toute sa vie dans ces désirs héroïques.

Un jour elle apprit la perte totale d'un navire sur lequel elle avait placé le tiers de sa fortune et de celle de ses enfants. Loin de s'unir à leur affliction et à leurs larmes, elle s'écria gaiement: « Eh quoi! allez-vous vous affliger de la perte de ces biens périssables qui ne sont que de la boue? Vous vous imaginez peut-être que votre cœur n'y était pas attaché. Mais heureusement leur privation qui vous afflige vous découvre cette trop grande attache. Remercions Dieu qui nous envoie avec tant de bonté le remède à notre trop grand amour pour ces faux biens. Soumettons-nous avec joie à la sainte volonté du meilleur des pères, qui dispose toujours toutes choses pour le plus grand bien de ses enfants; et, n'oublions pas qu'il s'est engagé à ne laisser jamais manquer du nécessaire ceux qui mettent toute leur confiance en lui! »

Puis prenant ses enfants par la main, elle leur dit: « Voyons, dansons tous une ronde pour donner à Dieu une marque extérieure de la joie avec laquelle nous nous soumettons à sa divine Providence. Ah! que les petits sujets d'affliction que nous avons dans cette vie seraient peu de chose pour nous, si nous ne les augmentions par le peu de courage que nous mettons à les supporter! »

Elle entonna alors avec entrain un air breton dont le sens est celui-ci: Soit que Dieu accorde les biens ou qu'il les ôte, soit qu'il nous couronne d'épines ou de roses, nous lui en devons toujours mille actions de grâces, parce qu'en tout cela il ne cherche que sa gloire et notre sanctification.

Dieu fit bien voir que cette ronde courageuse lui avaitplu ; car peu de temps après Claude Le Bellec retrouva dans son coffre exactement la même somme qu'elle avait perdue. Du reste, la sainte veuve ne doutait pas que ce miracle ne fût dû aux prières de Maître Michel, auxquelles Dieu accorda souvent de pareilles faveurs.

Claude Le Bellec mourut en odeur de sainteté à Douarnenez. Elle apparut au même moment à Maître Michel, qui était alors à une assez grande distance de cette ville, et elle lui fit connaître quel poids de gloire lui procurait au ciel ce mépris du monde dont elle avait fait profession pendant trente-trois ans sous sa conduite.

Domnat Rolland, lorsque Maître Michel vint habiter Douarnenez, était d'une ignorance absolue relativement aux vérités religieuses; elle ne savait même pas son *Pater*. Mais aussitôt qu'elle eut assisté au catéchisme du saint missionnaire, elle eut une soif insatiable de la parole de Dieu. Mais son mari l'empêchait souvent d'assister aux instructions du prédicateur, par la raison qu'elle ne travaillait pas et ne gagnait rien pendant ce temps. Mais Dieu daigna le guérir de ce manque de confiance en la Providence, et le convertir entièrement, par un miracle bien extraordinaire.

Un jour qu'il écoutait le saint missionnaire, occupé à expliquer au peuple avec un zèle plein d'onction la salutation angélique et les mystères de la vie de la sainte Vierge, qu'il faut considérer en récitant le rosaire, il aperçut tout-à-coup auprès du prédicateur un ange resplendissant de lumière. Cette vue le toucha si fort qu'il devint aussi ardent que sa femme à entendre le missionnaire, et qu'il commença à faire une solide pénitence. Du reste, il mourut peu de temps après sa conversion.

Pendant vingt-cinq ans, Domnat Rolland assista aux deux instructions quotidiennes de Maître Michel, et sa mémoire était telle qu'elle répétait ensuite aux autres tout ce qu'avait dit le missionnaire avec une fidélité parfaite, et une facilité, une grâce et une onction surprenantes. Pour obéir à son saint directeur, elle fit tout son possible pour apprendre à lire. Mais jamais elle ne put y parvenir. Dieu voulut faire voir en cette pauvre femme que les plus illettrés ne sont pas toujours les moins propres à procurer sa gloire, et qu'il choisit, à la confusion des gens sages selon le monde, les instruments les plus faibles pour produire les merveilles les plus extraordinaires de sa grâce.

Cette bonne veuve non-seulement devint plus instruite de la science des saints que ne le sont bien des docteurs, de manière qu'elle en parlait avec une force et une solidité qui ravirent l'évêque de Cornouailles, mais elle conservait ces faveurs si particulières du ciel par la même humilité qui les lui avait attirées. Elle avait d'elle-même la plus basse opinion, et ne pouvait souffrir l'estime générale dont elle était entourée. Son costume pauvre et la naïveté de ses paroles répondaient parfaitement à son humilité intérieure. Son union avec Dieu était profonde. Elle fut toujours extrêmement mortifiée, et pratiqua jusqu'à un âge très-avancé beaucoup d'austérités secrètes. Se refusant tout à elle-même, elle trouvait moyen d'entretenir cinq à six pauvres du gain qu'elle faisait dans son petit commerce, et dans la confection de filets de pêche. Mais elle prit beaucoup plus d'âmes par ses instructions, que ses filets ne prirent de poissons. Car son zèle était infatigable, et elle enseignait tous les jours les prières et le catéchisme aux petits enfants, et tous les dimanches et fêtes elle expliquait aux grandes personnes les tableaux de son saint directeur.

Elle faisait en outre des courses fréquentes, avec ses deux saintes compagnes, dans divers lieux des diocèses de Basse-Bretagne, et elle s'expliquait avec tant de facilité, de douceur et d'onction que les personnes les plus ignorantes comprenaient aisément tout ce qu'elle leur disait, et que les plus attachées au mal se sentaient entraînées à suivre ses avis. Elle forma à la vie la plus parfaite plusieurs jeunes filles nobles, qui vinrent demeurer chez elle, pour apprendre de cette pauvre femme, qui ne savait pas lire, la plus sublime et la plus utile de toutes les sciences.

Elle mourut à l'âge de quatre-vingt-cinq ans, de la mort des prédestinés, n'ayant cessé un seul instant de travailler avec un zèle et un succès admirables à la gloire de Dieu et au salut des âmes.

Quant à Anne Keraudren, qui était chargée par Maître Michel de secourir les pauvres honteux et les malades, elle procurait à tous ceux qui en avaient besoin les secours spirituels et temporels, avec un dévouement infatigable. Elle avait un instinct tout particulier pour deviner leurs nécessités et les prévenir. Elle allait offrir aux affligés ses bons offices, sans qu'on eût eu le temps de la faire avertir, et elle leur rendait avec une joie et un respect extrêmes les services les plus humbles et les plus rebutants.

Elle était dévorée du désir de souffrir pour Jésus crucifié; et elle lui avait instamment demandé la grâce de faire avant sa mort entièrement pénitence de ses péchés. Cette grâce si avantageuse lui fut accordée. Notre-Seigneur la fit boire toute sa vie au calice de ses souffrances, et lui envoya, avant de l'appeler au bonheur éternel, une maladie qui lui causa pendant six mois des douleurs très-aiguës, qu'elle supporta avec une constance et une paix admirables. Elle eut aussi à résister aux plus cruelles attaques du démon, qui lui livra, les derniers jours, les plus rudes assauts. Mais cette vraie amante de la Croix de Notre-Seigneur repoussa victorieusement l'esprit de ténèbres avec le signe sacré de notre Rédemption.

Terminons ces détails par quelques mots sur l'intéressante vie de Clémence Le Goff, nièce de Claude Le Bellec, dont les vertus et notamment une patience prodigieuse à l'égard d'un mari vicieux, prodigue, débauché, et d'un caractère insupportable, offrent un exemple très-utile aux personnes qui ont à souffrir dans la vie commune.

Depuis l'âge de treize ans jusqu'à sa trente-huitième année, Clémence assista tous les jours aux instructions de Maître Michel, et fut dirigée par le saint missionnaire. Il la fit marcher à grands pas dans le chemin de la perfection à la suite de sa tante, Claude Le Bellec, et embrasser la généreuse résolution de porter toute sa vie la croix du Sauveur. Son mari lui donna mille occasions de suivre Jésus-Christ crucifié. Au milieu des chagrins les plus cuisants et sans cesse renouvelés, voyant souvent ses nombreux enfants souffrir de la faim par suite de la conduite débauchée de son mari, cette héroïque femme puisa dans sa piété et la sage direction de Maître Michel une patience et une douceur si prodigieuses que pendant les trente années qu'elle porta une si lourde croix, jamais il ne lui échappa une réponse vive ni une parole désobligeante pour son mari.

Ah! que notre religion est divine! Vous qui affectez de ne pas croire à ses enseignements célestes, venez contempler cette femme forte, souffrant avec tant de patience ce martyre de trente années, insupportable à la nature livrée à elle-même, et avouez que des vertus aussi surhumaines prouvent surabondamment la divinité de la seule religion capable de tels prodiges. Pour nous, nous n'avons jamais pu lire sans une vive émotion ce trait si touchant, et notre cœur s'est instinctivement tourné, avec un sentiment d'ineffable amour, vers le tabernacle où réside, hélas! connu de si peu de ses enfants, le Dieu-Homme, à jamais béni, qui nous console et nous fortifie ainsi par la présence et la réception de son Corps et de son Sang adorables. Ah! *si nous connaissions le don de Dieu!*

Clémence Le Goff souffrit donc trente ans dans le silence et l'humilité, soutenue par l'espérance la plus ferme dans la paternelle Providence de Dieu. Elle élevait avec grand soin les cinq enfants que le Ciel lui avait donnés, dans la crainte et l'amour de Notre-Seigneur, bien sûre que celui qui nourrit les petits oiseaux des champs ne laisserait point manquer les créatures qu'il a rachetées de son sang, selon la promesse formelle qu'il a faite dans son Évangile.

Si l'on juge de la foi et de la confiance de cette héroïque femme par les secours merveilleux qu'elles obtinrent de Dieu, on s'en fera nécessairement une bien haute idée. Ainsi, comme elle était atteinte d'une maladie mortelle qui allait l'enlever à sa famille, Dieu inspira à Marguerite Le Nobletz, comme nous l'avons vu, la pensée d'offrir sa vie pour la conservation de celle de cette pieuse femme, si nécessaire à sa famille. Clémence Le Goff se trouva instantanément guérie, au moment même où sa bienfaitrice, jusque-là en bonne santé, se trouva atteinte de la même maladie, et en mourut.

Aussitôt après sa guérison miraculeuse, Clémence alla prier le frère de celle qui lui avait conservé la vie de conserver aussi celle de ses cinq enfants, qui pendant sa maladie avaient été réduits à une misère telle que leur maigreur faisait compassion. L'homme de Dieu, connaissant la foi profonde de cette grande chrétienne, voulut fortifier de plus en plus sa confiance dans le Père commun des pauvres ; il ne lui fit aucune aumône, mais lui dit simplement : « Ma fille, ayez confiance en Dieu ; je vais prier pour vous. » Clémence, habituée à voir l'effet merveilleux des prières du saint, s'en retourna toute joyeuse, ne doutant nullement que la Providence divine ne pourvût bientôt à ses besoins pressants.

Elle arrive chez elle, et regarde par hasard dans un coffre qui était toujours fermé, et dont elle seule avait la clef. Elle y trouve un écu, qu'elle reçoit de la main de Dieu avec beaucoup de respect. Après qu'elle eut consommé ce petit secours, elle se trouva réduite à la même extrémité qu'auparavant; alors elle trouva encore deux écus dans le même coffre, qu'elle avait laissé fermé comme la première fois ; et ensuite, une autre fois, elle en trouva quatre ; et elle continua pendant quelque temps de trouver ainsi les sommes dont elle avait absolument besoin jusqu'à ce que sa famille fût en meilleure position, ce qui arriva par suite de la conversion de son mari, lequel finit par être ramené à Dieu et à une vie laborieuse par la patience angélique de sa femme.

Le saint missionnaire avait toujours eu un grand zèle pour la perfection de cette âme d'élite ; on peut dire qu'il ne s'en occupa pas moins après avoir quitté cette vie. Il avait laissé en mourant à Clémence Le Goff deux tableaux spirituels fort pieux, pour lui rappeler sans cesse le souvenir des bons avis qu'il lui avait donnés pendant sa vie. Il arriva qu'une femme les déroba, s'imaginant qu'il n'y a pas de mal à prendre des objets qui n'ont pas de valeur vénale. C'est là une grossière erreur ; il y a autant de mal, ou même davantage, à voler un objet auquel souvent tient beaucoup son propriétaire, que si l'on dérobait une somme d'argent.

Aussitôt que cette femme, si mal éclairée sur le septième commandement de Dieu, eut en sa possession les peintures destinées à Clémence Le Goff, elle entendit chez elle, dès la nuit suivante, des bruits si violents et si extraordinaires, qu'il lui fut absolument impossible de clore l'œil. Et le lendemain matin, après cette nuit effrayante, quel ne fut pas son étonnement de trouver les deux tableaux à une place éloignée de celle où elle les avait mis la veille ! Les nuits suivantes les mêmes faits extraordinaires se renouvelèrent ; et cela ne prit fin que lorsque cette femme eut rendu les deux tableaux à leur légitime propriétaire.

—

XX

Maître Michel est en butte aux persécutions du recteur de Plouaré, et aux attaques des démons.

Cependant la réputation de sainteté et de charité de Maître Michel allant toujours en augmentant, la jalousie du recteur de Plouaré, déjà excitée une première fois, se réveilla de nouveau. Voici quelle fut l'occasion, ou plutôt le prétexte que saisit cet homme aveuglé, pour accuser le saint missionnaire d'être un esprit brouillon et extravagant, et de mettre la division parmi les habitants de la ville.

Un jour, Michel Le Nobletz expliquait l'un de ses tableaux symboliques relatifs au mépris de l'esprit du monde. Selon son ordinaire, il tonnait contre cet esprit *complètement enfoncé dans le mal*, selon l'Ecriture, cet esprit qui préconise la recherche de la jouissance, du luxe, de la bonne chère, des honneurs, toutes choses que Notre-Seigneur recommande de fuir, comme opposées à l'esprit de pénitence nécessaire aux chrétiens. Le prédicateur, entre autres recommandations, fit celle-ci : « *Qui s'expose au dan-*

ger y périra. Il y a péril pour vous, mes frères, a trop fréquenter les personnes qui sont imbues de l'esprit du monde. La sagesse mondaine ne nous en prévient-elle pas, elle-même, quand elle nous dit dans un proverbe si connu : *Dis-moi qui tu hantes, je te dirai qui tu es ?* N'ayez donc point trop de familiarité avec les amis du monde, puisque l'Esprit-Saint les déclare par là même ennemis de Dieu. Défiez-vous de votre faiblesse naturelle. Fuyez ces fréquentations dangereuses, autant que la charité le permettra ; contentez-vous d'aimer ceux qui trahissent Jésus-Christ pour le monde, de les aimer comme les images de Dieu, et comme vos frères rachetés comme vous au prix du sang divin, et de prier l'Esprit-Saint qu'il prenne possession de ces cœurs si malheureux. »

Ces conseils pourtant si conformes à l'Évangile scandalisèrent le recteur qui ne les trouva pas assez charitables, et il se mit à persécuter le saint missionnaire.

Il ôta sa position de vicaire au bon prêtre qui servait de secrétaire à Maître Michel, et le secondait dans ses travaux de zèle. Il ne traita pas mieux l'ecclésiastique qui s'était si parfaitement converti au premier sermon du missionnaire à Douarnenez, et qui l'aidait avec tant de fruits à instruire les enfants. Le recteur lui interdit toute fonction ecclésiastique dans sa paroisse, et l'obligea à aller dire sa messe et confesser dans l'église d'un bourg voisin, appelé Poldavi. Dans le but de faire chasser Maître Michel du diocèse par l'évêque, ce recteur égaré essaya de le perdre dans l'esprit des personnes qu'il jugeait avoir de l'influence sur le prélat. Il réussit parfaitement auprès de quelques personnes que la sainte vie et les prédications du missionnaire gênaient extrêmement. Aussi vit-on un jour, dans une grande réunion, un furieux l'injurier grossièrement ; un autre, au milieu de l'église même, voulut le rouer de coups de bâton; et si les assistants n'étaient intervenus, ce forcéné eût mis à exécution son dessein sacrilége. Dieu, qui sait tirer le bien du mal, permit ces persécutions pour faire briller la patience et l'humilité de son serviteur, et édifier tout le monde par la vue de vertus si au-dessus de la nature.

Les tentatives du recteur de Plouaré auprès des Jésuites et des Capucins de Quimper ne firent que tourner à sa confusion. Ces religieux exemplaires avaient pour Maître Michel toute l'estime et l'amitié qu'il méritait. Il y avait alors deux ans que les Pères de la Compagnie de Jésus étaient venus s'établir à Quimper. Plus de vingt ans auparavant, notre saint missionnaire avait prédit cet heureux événement, quoique alors il n'y eût aucun sujet de l'espérer. Le jour de leur installation, Maître Michel rassembla dans une réunion exceptionnelle ses disciples les plus pieux, et les yeux baignés de douces larmes, il chanta le *Te Deum,* pour remercier Dieu « de ce que la lumière s'etait approchée de la Basse-Bretagne, et de ce qu'il plaisait au Père des miséricordes d'avoir pitié de l'ignorance et de l'état misérable des peuples de cette province. »

Il alla aussitôt voir ces Pères et prit pour directeur l'un d'eux, auquel il dit avec une humilité vraiment ravissante : « Mon Père, soyez assez bon pour vouloir bien vous charger du soin de ma pauvre âme. Si personne ne doit s'appuyer sur sa propre prudence, je crois être l'homme du monde qui a le plus de raison de se défier de la sienne. » Puis il lui découvrit tout son intérieur, et le consulta sur toutes les industries de zèle qu'il employait. Ce Père jésuite, ne pouvant assez admirer les grâces extraordinaires dont Maître Michel était favorisé, sa science profonde et la prudence merveilleuse avec laquelle il mettait à la portée des intelligences les plus simples la perfection de l'Evangile, ce Père le conjura de continuer absolument comme il le faisait à travailler à la gloire de Dieu et au salut des âmes.

Le lecteur un peu familiarisé avec la vie des saints lira sans aucun étonnement ce qu'ajoute ici notre pieux auteur. « Quoique les hommes fussent si contraires à ce grand serviteur de Dieu, les démons, dont il combattait partout les entreprises, le traitèrent souvent plus cruellement; et un jour entre autres il fut battu si rudement par ces ennemis continuels des saints, qu'il avoua à un prêtre très-vertueux, en qui il avait toute confiance, que les coups qu'il avait reçus l'avaient obligé de garder le lit quatre jours.

« Je voudrais, pour faire mieux voir la haine furieuse de ces esprits malheureux contre le saint prêtre, qu'il me fût permis de rapporter ici toute l'histoire d'une personne qui avait été engagée dans des communications sacriléges avec les démons, et qui, après sa conversion, révéla tous les mystères d'iniquité et le secret des assemblées abominables où elle s'était trouvée, et expia depuis tous ses crimes par une véritable pénitence (1). »

« On verrait par le procès-verbal de cette affaire, qu'un sage prélat fit faire en sa présence par quatre excellents hommes des plus éclairés et des plus spirituels de leur temps, que l'ennemi de tous les hommes n'avait pour personne plus d'aversion que pour notre saint prêtre ; que pour ralentir sa ferveur, et pour se venger de ce que sans cesse par son zèle et par son crédit auprès de Dieu, il ruinait ses entreprises, le démon lui suscitait toutes les traverses possibles, et qu'il exerçait souvent sur le corps de cet autre Job tous les mauvais traitements qu'on peut endurer sans mourir. »

Mais si Dieu permettait, pour embellir la couronne de son serviteur, qu'il fût en butte aux plus cruelles attaques des hommes et des démons, il le fortifia toujours à proportion de la grandeur de ses épreuves. Non-seulement les personnes qui lui avaient été les plus contraires ou furent gagnées par sa charité et par son humilité, ou se lassèrent enfin de maltraiter une vertu si éclatante ; mais souvent il reçut des consolations et des douceurs merveilleuses de Notre-Seigneur, qui tantôt le visitait lui-même, tantôt le faisait consoler par les anges et les saints que le missionnaire avait choisis pour ses protecteurs particuliers. Ces faveurs sont relatées dans le jounal de Maître Michel ; et, sur son lit de

(1) Qui n'a lu dans les ouvrages du P. Bresciani, surtout dans son intéressant *Juif de Vérone*, le récit véridique de semblables réunions infernales, auxquelles participent les membres des sociétés secrètes.

mort, il les avoua à son confesseur, en ajoutant avec cette humilité prodigieuse qu'on ne trouve que chez les saints consommés: « La bonté infinie de Dieu m'honora ainsi de ses faveurs pour soutenir ma faiblesse, et pour exciter ma lâcheté. »

Grand Dieu! si ce saint personnage, qui vous servit avec un courage si heroïque, s'accuse de lâcheté, que devons-nous penser de notre mollesse?.. Attendrons-nous que la mort nous éclaire pour commencer à servir Dieu généreusement?

XXI

De quel amour de Dieu était embrasé Maître Michel. Vertus qui étaient la suite de cette charité.

Pour ne pas nuire à la rapidité de notre récit, nous avons dû omettre bien des détails intéressants, nous en réunissons ici un certain nombre qui achèveront de faire bien connaître notre cher saint.

L'amour de Dieu était chez Maître Michel, comme chez tous les saints, le principe de toutes ses œuvres. Le nombre et la grandeur étonnants de ces œuvres indiquent assez l'immensité de sa charité. Il était infatigable quand il parlait de l'amour de Dieu, et il le faisait avec une force et une onction si pénétrantes, qu'il arrachait presque toujours des larmes et des sanglots à tous ses auditeurs. Son amour pour Dieu était aussi désintéressé qu'ardent. Loin de rechercher les consolations sensibles, il aimait à se sentir privé de toute douceur spirituelle. Il faisait alors des actes d'amour héroïques, il priait avec une plus grande persévérance, fuyait le monde et les consolations humaines avec plus de soin, et traitait son corps avec plus d'austérité.

Il avait pour maxime qu'il est impossible de bien témoigner son amour sans souffrir pour celui qu'on aime, et cette pensée lui faisait trouver des délices incroyables dans ses douleurs et ses humiliations, qu'il eût voulu pouvoir égaler à celles de tous les martyrs.

Sachant qu'on fait croître l'amour de Dieu dans son âme à proportion du soin qu'on prend de la purger de toutes les passions et de toute attache aux créatures, non-seulement il bannit de son cœur toute attache au péché, au point qu'il n'en commit plus un seul délibéré depuis sa conversion, mais il s'efforça de tout son pouvoir de se défaire de toute inclination pour tous les objets qui plaisent à la nature; il savait que si ces choses sont indifférentes en elles-mêmes et peuvent même être sanctifiées si l'on en fait un bon usage, le plus ordinairement on en abuse, en s'y attachant trop, au préjudice du souverain bien. Aussi était-il arrivé à un tel détachement de toutes les créatures, qu'il avait horreur de tout ce qui fait plaisir aux autres et mettait son bonheur à souffrir et être méprisé.

On comprend facilement que ce saint homme n'ait

eu que du mépris pour les richesses corruptibles de ce monde, qui ne peuvent servir qu'à procurer des vains honneurs ou des plaisirs passagers, choses pour lesquelles il n'avait que de l'aversion. Ses désirs se bornaient, comme ceux de saint Paul, à ce qui était nécessaire pour se nourrir et se couvrir; encore était-ce avec une grande répugnance qu'il accordait à son corps ce qu'il ne pouvait lui refuser. Sans désapprouver les prêtres qui vivent de l'autel, il ne voulut jamais accepter aucune rétribution pour les fonctions ecclésiastiques. Il refusait même d'ordinaire, dans les lieux où il faisait mission, de rien recevoir pour sa nourriture ; et toujours la Providence envoyait des secours à son confiant serviteur, de tel ou tel lieu d'où il avait moins sujet de les espérer.

Quoiqu'il ne reçût point d'aumônes régulières pour son entretien et pour celui des nombreux pauvres qu'il assistait, il fut toujours assuré que la bonté de Celui par amour duquel il se privait de tout ne l'abandonnerait point dans le besoin, et lui donnerait toujours le peu qui lui était nécessaire pour vivre en pauvre ecclésiastique. Le fait est que, quoiqu'il distribuât son modique revenu aux pauvres presqu'aussitôt qu'il l'avait touché, aussi bien que les charités qu'on lui remettait chaque jour, il ne manqua jamais du nécessaire, et il lui restait encore, à sa mort, vingt-cinq sous d'argent, comme il l'avait prédit à la personne qui avait soin de lui pendant sa dernière maladie qui fut très-longue. Il lui fit cette prédiction pour la rassurer, car elle murmurait contre ses aumônes, qui étaient fort abondantes, quoiqu'il fût dénué de tout.

Les meilleurs repas qu'il prît chez lui ne se composaient ordinairement que d'un peu de lait et de pain d'orge, qu'il appelait le pain évangélique, parce que Notre-Seigneur s'en servait, comme on le voit au miracle de la multiplication des cinq pains d'orge. Il voulut toujours qu'on le considérât comme un pauvre, en lui apprêtant à manger ; et pour mériter encore mieux ce titre qu'il regardait comme très-glorieux, il donnait aux indigents ce qu'on lui avait préparé, et se servait à ses repas du pain qu'il avait lui-même mendié pour eux ; il en portait même chez les personnes riches qui l'invitaient ; et pour cacher sa mortification, il disait que ce pain grossier était plus de son goût.

Maître Michel portait des vêtements aussi simples et aussi pauvres que possible, toutefois sans manquer à la bienséance et aux règles ecclésiastiques. Il aimait à loger dans de pauvres maisons couvertes de paille, et la chambre où il mourut, cette chambre qui est devenue si célèbre depuis, n'avait que quatre mètres carrés. Dans sa dernière maladie il couchait sur un petit lit d'emprunt, parce qu'il avait donné le sien aux pauvres ; ni l'un ni l'autre de ces lits n'avaient de rideaux. Il se contentait d'une seule couverture, et dans ses frissons, on étendait ses habits sur lui pour le réchauffer. Tout l'inventaire de ses meubles consistait en un petit trépied de fer, un pot de terre, une écuelle, une assiette et une cuillère de bois, un petit coffre, qui lui servait pour s'asseoir, et renfermer ses papiers, deux images en papier représentant l'une la sainte Trinité, l'autre la Vierge Mère du Sauveur, un bénitier, deux chemises, une soutane et un long manteau. Il donna le reste de ses habits à un pauvre, peu de jours avant sa mort. Il se passait de table pour écrire, et il écrivait à genoux, lorsqu'il voulait conserver par écrit les lumières qu'il recevait du ciel dans l'oraison.

Il portait l'amour de la pauvreté jusque dans les choses saintes ; il croyait qu'il fallait les honorer plutôt par les sentiments du cœur que par une trop grande magnificence extérieure. Ainsi il n'avait pas de riches reliquaires, mais il gardait ses reliques dans des coques de noix qu'il recouvrait lui-même d'un morceau d'étoffe commune ; il ne se servait que d'étoffes simples et peu chères pour des ornements d'Église. Il croyait d'après les anciens Pères de l'Église, qu'il ne fallait pas orner avec trop de luxe les temples matériels, si les temples vivants de Dieu, les pauvres, devaient en souffrir.

Le saint missionnaire, quand il prêchait sur cette vertu de pauvreté et de détachement des biens créés, donnait des conseils qui seraient bien utiles à notre siècle si ardent à s'enrichir. A ceux qui sont pauvres il montrait combien leur état est conforme à celui qu'a voulu choisir Notre-Seigneur ; qu'ils sont presque complétement à l'abri des dangers qui font se perdre tant de riches: le luxe, la vanité, la mollesse, l'oisiveté, la gourmandise, l'avarice... Il leur recommandait de ne point désirer vivement sortir de leur position, déclarée *bienheureuse* par le Fils de Dieu. Il leur faisait comprendre que dès ce monde-ci ils pouvaient être plus heureux en menant une vie laborieuse et modeste, que ne le sont bien souvent ces pauvres riches dévorés de soucis, d'ambition, de jalousies et de cet ennui incurable, fruit et châtiment de leur révolte contre la loi générale du travail.

A ceux qui possèdent les biens de la fortune, Maître Michel disait: « N'attachez point votre cœur aux biens dangereux de la terre; mais considérez-vous seulement comme les économes de cette fortune dont vous devrez bientôt rendre un compte sévère. Ayez soin de n'en user que selon les préceptes de l'Evangile. Le moyen que le Sauveur vous a donné de les faire fructifier grandement et légitimement en cette vie et dans l'autre, c'est d'en user libéralement envers les pauvres; et persuadez-vous bien que Dieu, qui est le maître de ces biens, ne vous les laisse que dans ce dessein. Ne vous hâtez point d'acquérir la fortune, si vous ne voulez point la voir promptement se dissiper (Prov., 13.) Ne recherchez pas, en vous enrichissant, à vous élever au-dessus des autres, mais seulement à éviter la pauvreté et l'embarras que cause dans la vie spirituelle une trop grande gêne. C'est Dieu qui bénit votre travail; attendez donc la fortune plutôt de lui que de votre industrie. Servez le Créateur de votre mieux, et vous recevrez de lui les biens éternels, et par surcroît les temporels. Mais surtout ayez horreur de prendre les biens de l'Eglise; vous attireriez sur le reste de votre fortune cette malédiction qu'on voit tomber sur tous ceux qui ont osé faire ce vol sacrilége... »

Le parfait amour de Maître Michel pour la pauvreté s'alliait chez lui à un esprit de pénitence et de mortification digne des plus grands saints. Aux détails que nous connaissons déjà, ajoutons qu'il ne buvait que de l'eau et ne mangeait que du pain et un peu de laitage, comme les plus pauvres paysans bretons ; c'était un régal extraordinaire pour lui d'ajouter à cette nourriture grossière du poisson et quelques fruits ; il ne le faisait que très-rarement et aux jours de fête.

A l'âge de cinquante ans, son estomac était tellement affaibli par ses mortifications excessives, qu'il fut contraint de prendre un peu de viande et de vin, pour pouvoir résister aux fatigues de sa vie apostolique. On ne comprenait pas qu'il pût vivre avec la quantité de nourriture qu'il se mesurait. Les personnes qui ont vécu avec lui assuraient qu'il prenait moins d'aliments en huit jours qu'une personne ordinaire en un seul jour. Il ne mangeait pas plus gros de viande qu'une noix à son dîner, et c'était presque toujours le seul repas qu'il fît. Il ne buvait qu'une seule fois, ou tout au plus deux fois par repas. Le soin de son corps l'occupait si peu pendant qu'il lui donnait sa nourriture, que souvent, après être sorti de table, il ne se rappelait plus s'il avait dîné ou non ; et pendant ses repas les hautes contemplations qui l'occupaient d'ordinaire ne paraissaient pas interrompues.

Comme les gens du monde ont des temps où ils se livrent à la bonne chère et aux repas copieux, lui aussi avait des temps de plus grande mortification ; il passait alors plusieurs jours dans un jeûne si rigoureux, qu'il ne prenait que ce qui était absolument nécessaire pour l'empêcher de mourir. C'était surtout quand il voulait obtenir de Dieu quelque grâce importante pour le prochain ou pour lui-même qu'il redoublait ainsi ses austérités.

Il observait la même sobriété lorsqu'il était obligé d'accepter quelque invitation. Un jour qu'il n'avait pu refuser d'aller dîner dans une maison riche, il arrive à l'improviste, et voit tout le monde en mouvement pour préparer un magnifique repas. S'adressant alors à un domestique, « Pour qui donc préparez-vous une si grande chère ? » lui demande-t-il. Ce domestique, qui ne connaissait point le saint missionnaire, lui répondit aussitôt : « Mais c'est pour un saint prêtre qui s'appelle Monsieur Le Nobletz de Kerodern. » L'humilité et l'austérité du serviteur de Dieu furent mises à une trop rude épreuve par ces paroles et la vue de tels apprêts. Tournant aussitôt les talons, il s'enfuit, et ne remit jamais les pieds dans cette maison.

Quelques plats exquis qu'on lui servît, il ne touchait jamais qu'à un ou deux des mets les plus communs ; encore y mettait-il souvent, sans qu'on s'en aperçut, de la cendre ou quelque autre chose capable d'en faire disparaître le goût et la délicatesse.

Il n'accordait à la nature que quatre ou cinq heures de sommeil, encore l'interrompait-il deux fois chaque nuit ; et après avoir reposé deux heures, il se levait pour s'entretenir avec Dieu dans l'oraison mentale ; puis, après avoir pris encore deux à trois heures de repos, à deux reprises différentes, il passait le reste de la nuit en prières et en saintes lectures.

Pour affliger et dompter son corps, il prenait de longues et sanglantes disciplines tous les mercredis, vendredis et samedis ; il portait en outre différents jours de la semaine un rude cilice de crin de cheval, et il ne le quittait pas pendant des semaines entières, et s'imposait encore d'autres mortifications, quand il voulait obtenir quelques grâces du ciel.

Il mettait très-souvent dans ses chaussures des pois ou des petits cailloux raboteux, pour se faire un tourment à chaque pas. Il n'était pas moins ingénieux à se faire souffrir la nuit que le jour ; ainsi il couchait toujours sur la dure. Mais à l'âge de cinquante ans, sa mauvaise santé l'obligea, sur l'ordre de son directeur, à se servir d'un lit dans lequel il y avait seulement un peu de paille, des draps et une couverture. Ce ne fut que lorsqu'il fut à l'extrémité, dans sa dernière maladie, qu'il consentit à laisser mettre dans son lit un matelas et de la plume.

Persuadé qu'il est nécessaire d'embrasser la pénitence et la mortification, pour suivre Jésus-Christ crucifié, Maitre Michel amena un certain nombre de ses disciples les plus fervents à l'habitude des austérités corporelles. Il leur faisait lui-même, dans ses moments de délassement, des ceintures de crin et des disciplines.

Où trouver hors des cloîtres, à notre époque de mollesse et de lâcheté, des chrétiens capables de s'imposer ainsi des pénitences corporelles? Ne devrions-nous pas au moins embrasser avec joie les jeûnes, les abstinences, l'obligation du travail et de la prière, etc..., en un mot toutes les prescriptions de notre sainte Mère l'Église, rendues actuellement si faciles ?

Ajoutons que tout chrétien qui comprend ce que demande de lui le commandement d'aimer Dieu de tout son esprit, de tout son cœur et de toutes ses forces, ne se contentera pas des pénitences absolument obligatoires ; il voudra effacer ses péchés et témoigner son amour à Jésus crucifié en s'imposant quelques petites mortifications qui ne peuvent en rien nuire à la santé la plus faible. Les occasions de pratiquer ces petites pénitences sont continuelles. Par exemple, adoptons, d'après des avis éclairés, un réglement de vie qui nous empêche de gaspiller notre temps ; suivons-le avec fermeté, sans rien exa gérer cependant ; nous trouverons ainsi l'occasion de mortifier notre volonté propre, si amie de l'indépendance. Levons-nous le matin à une heure fixe, sans rien accorder à la paresse, qui sollicite surtout les personnes pourvues de lits trop douillets, ou qui ont trop prolongé sans nécessité leurs veilles. Ne recherchons point dans nos repas les morceaux et les mets qui flattent le plus notre goût. Privons-nous de quelque friandise. Si quelque plat n'est pas apprêté à notre goût, loin de nous plaindre, soyons content de rencontrer cette petite occasion de mortifier légèrement notre gourmandise, passion devenue si générale de nos jours. Recevons avec calme et paix les gênes qui proviennent sans cesse de maisons mal aménagées, de meubles et de vêtements peu commodes, du froid, de la chaleur, du vilain temps. Ne recherchons point dans ces occasions cette foule d'adoucissements qu'a découverts notre siècle, fécond en inventions excellentes pour empêcher notre corps de souffrir en ce monde, mais meilleures encore pour centupler les tourments qu'il nous faudra subir dans l'autre vie. Aimons à nous servir nous mêmes. Gardons quelquefois le silence lorsque la vivacité ou la vanité nous poussent à parler sans utilité réelle. L'envie d'entendre des nouvelles et de voir des choses curieuses peut fournir l'occasion d'un sacrifice dont Dieu seul est témoin. Ne nous plaignons point sans nécessité de nos souffrances, pas plus que des manques d'égards et de ces mille misères qu'engendre la vie commune même avec des personnes qui nous aiment. N'abrégeons jamais nos prières et nos méditations quand les distractions ou la sécheresse nous les rendent pénibles..... Petits par eux-mêmes, ces légers sacrifices, unis aux mérites de Jésus-Christ, acquièrent une valeur sans bornes.

Mais revenons à Maître Michel. L'exemple de sa patience admirable nous excitera à supporter avec résignation nos petites croix de chaque jour. Il est rare de trouver un homme qui ait autant souffert et *si bien* souffert que ce saint homme. Dans tous les âges, dans tous les emplois, dans tous les lieux, il n'a jamais été sans peines, sans persécutions, sans douleurs.

Les hommes de toutes les conditions ont attaqué ses desseins, sa réputation et sa vie. Les démons l'ont traité comme le plus grand ennemi qu'ils eussent dans le monde. Dieu lui-même a souvent appesanti sa main paternelle sur lui, en le livrant à l'obscurité de l'esprit, à la sécheresse du cœur, à la privation des douceurs célestes, aux peines intérieures, à la crainte excessive de ses jugements.

Rien de tout cela n'étonna jamais sa constance, ni n'ébranla son attachement inviolable au service et à l'amour de Jésus-Christ. Il recevait toujours avec humilité et même avec reconnaissance toutes les douleurs et tous les affronts qui lui venaient de Dieu ou des créatures. Il les souhaitait ardemment au point que sa plus grande peine eût été de n'en point souffrir. Aussi ne se plaignait-il jamais ni de ce qu'il souffrait ni de ceux qui le lui faisaient souffrir. Il paraissait sourd et muet, quand on lui faisait quelque outrage, et il ne parlait que pour remercier ceux qui l'injuriaient et pour prier Dieu pour eux avec effusion.

Dans ces occasions, la joie dont son cœur était inondé rayonnait sur le visage de Maître Michel. On a même souvent vu alors sa figure illuminée d'une grande lumière, qui était comme un rejaillissement de la grâce dont son âme débordait, et une marque visible de sa sainteté, par laquelle Dieu voulait confondre les fausses accusations de ses calomniateurs.

Maître Michel craignait la prospérité et la joie mondaines, comme les autres craignent l'affliction et l'adversité. Il regardait comme une marque de réprobation la jouissance constante et paisible de ce que les gens mondains et sensuels prennent pour le repos et le bonheur de cette vie. Le trop bon succès de ses affaires lui donnait beaucoup d'inquiétude ; et quand il avait été quelque temps sans souffrir des douleurs ou des affronts considérables, il entrait dans une sainte frayeur des jugements de

Dieu, et croyait qu'il ne lui donnait moins de part à sa croix que pour punir sa lâcheté à la porter. En un mot, il ne craignait que trois choses en ce monde : le péché, la prospérité et le manque d'adversités.

Maitre Michel ne crut pas que les assurances divines qu'il avait reçues du don de chasteté, l'eussent dispensé des précautions nécessaires pour conserver la blancheur de ce lys céleste. Persuadé que c'est Dieu seul qui donne une pureté parfaite, il la lui demandait tous les jours dans ses prières les plus ferventes, même dans sa vieillesse. Il joignait à la prière une extrême défiance de ses forces, et reconnaissait que sans une grâce continuelle de Dieu il n'aurait pu parvenir même au degré le moins élevé de chasteté ; il disait d'ordinaire : « De même que l'impureté est très-souvent une suite funeste de l'orgueil et de la présomption, la chasteté est ordinairement un fruit de l'humilité chrétienne ; aussi le meilleur moyen d'éviter tous les piéges du demon de l'impureté, c'est de se perdre et de s'abîmer dans son néant devant les yeux de la majesté divine. »

Ajoutons que le saint missionnaire veillait sur ses sens avec un soin rigoureux, sachant que ce sont les portes par lesquelles le péché entre dans l'âme. C'est pour cela qu'il évitait de tout son pouvoir toute familiarité avec les personnes infectées de l'esprit du monde, surtout avec les personnes de l'autre sexe. Il ne les entretenait qu'en aussi peu de paroles qu'il lui était possible, et avec une modestie qui ne pouvait que leur inspirer des sentiments de piété. Les femmes qui allaient chez lui recevoir ses avis spirituels ne lui parlaient qu'après avoir fait une courte prière; et l'entretien terminé, on se mettait encore à genoux pour remercier Dieu.

Ce que nous avons dit précédemment des austérités et des pénitences continuelles et extrêmes par lesquelles Maître Michel mortifiait son corps, nous dispense de revenir sur ce puissant moyen, que tous les saints ont cru devoir employer pour tenir leur chair corrompue dans une parfaite soumission.

Comme l'oisiveté est la mère de tous les vices et surtout de l'impureté, Maître Michel avait divisé toutes les heures de la journée avec un soin tel que chacune était toujours parfaitement remplie; et le tentateur le trouvait toujours occupé.

Il croyait encore devoir la pureté de cœur avec laquelle il vécut toujours à la dévotion si tendre qu'il avait pour la sainte Eucharistie, qui est le pain des vierges, et dont le fréquent usage semblait avoir comme spiritualisé la partie la plus basse et la plus matérielle de son âme, et l'avoir dégagée de tout ce qui a coutume de charmer les sens. Il reconnaissait aussi devoir sa pureté à sa tendre dévotion à la très-sainte Vierge. Cette Mère très-chaste le protégea toujours si puissamment contre les ennemis de cette vertu, que le Père jésuite qui entendit avant sa mort sa confession générale, rendit ce témoignage que Dieu l'avait préservé toute sa vie de toute faute contre la pureté, quelque légère qu'elle pût être.

Dieu lui faisait connaître surnaturellement les personnes infectées du vice contraire à la sainte pureté. Comme on le voit dans la vie de plusieurs saints, il reconnaissait leur misérable état à une puanteur nauséabonde; et, quoiqu'il n'eût aucune peine à souffrir les plus mauvaises odeurs, en visitant les pauvres et les malades, celle qui lui révélait la corruption des âmes lascives lui était insupportable.

Les saints aiment à exaucer les prières de ceux qui invoquent leur intercession pour obtenir les vertus dans lesquelles ils ont excellé. Aussi est-ce sans étonnement que nous lisons dans notre auteur: « Il ne nous est pas permis de nommer ici quelques personnes que ce saint homme a tirées après sa mort des vices honteux où elles croupissaient depuis plusieurs années, se montrant à elles environné de lumière, avec son surplis et son étole, et un lys blanc à la main; et les exhortant à la vertu avec des paroles si pénétrantes et si efficaces, qu'on les a vues tout-à-coup changer entièrement de vie, comme on l'a appris des dépositions qu'elles ont bien voulu en donner pour la gloire de Dieu, et pour celle de leur bienfaiteur. »

On croira sans peine qu'un homme orné à un tel degré de toutes les vertus qui font les saints, devait posséder l'humilité la plus profonde, car c'est la base, le fondement de toutes les autres vertus. En effet, voici quelle était l'opinion qu'il avait de lui-même. Il se croyait plus méchant que Caïn, puisqu'il avait donné la mort à son âme par ses péchés; plus imprudent qu'Esaü, puisqu'il avait vendu son droit à l'héritage de son Père celeste, pour des choses de néant; plus cruel que les Juifs, puisqu'il avait crucifié le Sauveur plusieurs fois, quoiqu'il le reconnût pour le Roi de gloire. Il se disait plus rebelle qu'Absalon, plus endurci que Pharaon, plus inconsidéré que l'enfant prodigue, plus perfide que Judas; il comparait ses plus petits défauts et les moindres négligences dont il se croyait coupable avec tous les bienfaits qu'il avait reçus de Dieu, il les considérait comme des infidélités énormes, qui le rendaient infiniment indigne de la bonté de Dieu envers lui.

Son humilité descendant encore plus bas, trouvait des raisonnements pour le convaincre qu'il était plus criminel que le démon : « Cet esprit rebelle, disait-il, n'a fait probablement qu'un seul péché ; et moi j'en ai commis un nombre infini. Il n'a point eu de temps après son péché pour faire pénitence ; et moi j'ai abusé de celui qui m'avait été accordé libéralement. Satan n'a eu aucun aide pour se convertir, et Jésus-Christ n'était pas mort pour lui ; au lieu que cet aimable Sauveur me tend amoureusement les bras, m'invite sans cesse à la pénitence, et me comble de grâces et de faveurs continuelles, pour m'obliger à faire un bon usage de son sang, qu'il a entièrement répandu pour moi. »

Un homme qui était dans ces sentiments n'avait pas de peine à supporter les humiliations ; il les recevait avec beaucoup de joie ; il ne voulait même pas se défendre quand on le calomniait, parce que disait-il, si ceux qui l'outrageaient avaient pu pénétrer dans son intérieur et connaître ce qui était caché aux yeux des hommes, ils l'auraient dû traiter, avec encore plus de rigueur qu'ils ne le faisaient.

Il prenait plaisir à faire connaître ses défauts ; et lui qui jugeait favorablement chaque personne en particulier, il était toujours prêt à se reprendre et à s'accuser avec sévérité. Il disait que si Dieu, par une miséricorde toute particulière, ne lui eût ôté du cœur l'amour du monde, il eût été le plus méchant homme de son siècle, et que l'humeur colère qui dominait en lui l'eût porté à plusieurs crimes horribles. Quelque soin qu'il eût pris de détruire cette passion, lorsqu'il gourmandait les vices, il lui échappait quelquefois des mouvements de vivacité que tout autre aurait pris pour des actes d'une vertu généreuse. Mais Maître Michel ne se pardonnait rien dans tout ce qui regardait cette passion ; et toutes les fois qu'il lui échappait quelque chose de désobligeant pour qui que ce fût, il allait dès le jour même se jeter à ses pieds et lui en demander humblement pardon, par un excès d'humilité, qui faisait quelquefois plus d'effet sur le cœur des pécheurs que n'en avaient pu faire ses discours les plus enflammés.

Maître Michel évitait avec soin tout ce qui pouvait le faire honorer ; c'est pour cela qu'il fuyait la rencontre des grands et tous les emplois de distinction ; il recherchait au contraire les pauvres les plus méprisés, les petits enfants et les personnes accablées de vieillesse que tout le monde abandonnait. On l'a vu souvent, lorsqu'il rencontrait quelque pauvre paysan portant un lourd fardeau, prendre sur son dos une partie de sa charge, et la porter avec beaucoup d'humilité.

Il n'entreprenait aucune de ses missions que d'après l'avis de ses directeurs. Aussitôt qu'en approchant de la paroisse qu'il venait évangéliser, il en apercevait le clocher, il se jetait à genoux, et, s'abîmant dans la pensée de son néant et de ses péchés, il priait la divine bonté de n'avoir point égard à son incapacité et à ses péchés, et de ne pas punir les pauvres peuples, en refusant l'abondance de ses grâces à cause des péchés de leur prédicateur.

Son humilité paraissait encore dans le soin qu'il prenait à cacher ses bonnes œuvres et les grâces extraordinaires dont Dieu le favorisait. C'est pour cela qu'il ne souffrait jamais que personne demeurât avec lui la nuit dans sa chambre, pour n'avoir point de témoin de ses communications admirables avec Dieu, et de ses grandes austérités. Son linge étant d'ordinaire tout teint du sang qu'il répandait pendant les cruelles disciplines qu'il se donnait trois fois la semaine, il se donnait la peine de le laver lui-même tous les samedis. Mais plusieurs fois quelques personnes découvrirent, malgré ses précautions, ces preuves sanglantes de sa pénitence ; il obligea ces personnes à tenir la chose bien secrète.

Un jour un jeune homme qui lui servait tous les jours la messe, surprit Maître Michel se donnant la discipline avec des cordes auxquelles il avait attaché des balles de plomb. Le saint lui donna une pièce d'argent pour l'engager au silence.

« Il en usa encore de la même façon pour l'empêcher de divulguer une grâce extraordinaire que Dieu lui avait faite. Ce jeune homme, qui le servait alors dans une de ses missions, s'était par son ordre fort avancé devant lui dans le chemin, pour le laisser prier Dieu avec plus de liberté. Mais étant retourné sur ses pas, parce qu'il craignait que le saint homme ne se fût égaré du chemin, il l'avait trouvé à genoux devant deux personnes aussi éclatantes que l'eussent pu être des cristaux qui eussent été frappés des rayons du soleil. C'est la manière dont il s'est exprimé dans la déposition qu'il a donnée de ce qu'il vit, et de ce qu'il avait tenu longtemps caché pour ne point manquer à sa promesse. »

Maître Michel avait mille industries pour empêcher de croire qu'on devait à sa vertu les guérisons miraculeuses que Dieu accordait à ses prières. Il les attribuait tantôt à l'innocence des enfants qu'il mettait en prières; tantôt à la piété et à la confiance des personnes qu'il guérissait; tantôt à des remèdes naturels et aux premières herbes venues qu'il appliquait sur les parties malades de ceux qui souffraient.

Mais la vertu qui a brillé du plus vif éclat en Maître Michel, celle qui fait son caractère distinctif, c'est le parfait mépris du monde. Non-seulement il en fit une profession particulière, comme nous l'avons vu, mais il en fit un vœu exprès; et il fut si fidèle à l'observer, qu'il suffisait qu'une chose plût au monde et à la nature, pour le déterminer à faire le contraire. Il en vint à ce point, par le continuel exercice de cette guerre spirituelle, que toutes les choses de cette vie lui paraissaient comme des songes et des chimères, et que la vue des objets de vanité, de luxe et de tout ce qu'on appelle pompe et magnificence, lui était devenue insupportable. Quand il était obligé d'user de choses agréables à la nature, il ne le faisait pas sans une vive contrariété.

Il fuyait la prospérité et les sujets de joie mondaine comme des marques de réprobation, et recherchait tout ce que les gens du monde redoutent le plus, comme les gages les plus assurés de l'amitié de Dieu, et comme des faveurs que Jésus-Christ a promises à ceux qui veulent le suivre et l'imiter.

On ne peut nier que Maître Michel se soit parfaitement acquitté de la charge de docteur du mépris du monde, charge qu'il reçut à Agen de la Mère du Sauveur et du vainqueur du monde. Livres, sermons, conversations, exemples, il ne négligea aucun moyen d'inspirer l'horreur pernicieuse du monde. Il avait même composé un catéchisme par demandes et par réponses, pour mettre à la portée de tout le monde cette doctrine fondamentale. Il recommandait à ses disciples de demander conseil au monde dans toutes leurs affaires, pour ne manquer jamais de faire le contraire de ce qu'il leur aurait conseillé, et de ne juger du progrès qu'ils auraient fait dans la perfection, que par celui qu'ils feraient dans le mépris du monde.

Beaucoup de personnes n'approuvaient pas que Maître Michel portât ses disciples à une abnégation qu'elles trouvaient si au dessus de la perfection que peuvent atteindre les gens qui vivent dans le monde. Mais il répondit : « Le Sauveur n'a pas prêché cette doctrine dans le désert, mais il l'a aussi enseignée dans les bourgades et les villes à toutes sortes de personnes. Ce n'était pas dans les cloîtres ni parmi les religieux, mais bien dans les places publiques qu'il parlait lorsqu'il disait *qu'il faut se faire violence pour acquérir le ciel, et qu'il est impossible de servir en même temps deux maîtres d'humeur tout-à-fait opposée*, et lorsqu'il exhortait ses disciples à *entrer dans son royaume par cette porte étroite et peu fré-*

quentée, qui n'est autre que le mépris du monde. » Il remarquait que si l'on trouve des obstacles à aimer Dieu par dessus toutes choses, ce n'est pas qu'on disconvienne que Dieu ne soit infiniment aimable ; mais c'est que l'amour du monde, de ses plaisirs et de ses satisfactions fait dans notre cœur un partage qui l'empêche de se donner aussi entièrement qu'il le doit à l'amour divin, lequel n'est parfait que lorsqu'il est maître de tous les mouvements de notre cœur.

« Il distinguait ceux de ses disciples qui aspiraient à la perfection par la voie du mépris du monde, en trois différents ordres. Il mettait dans le plus bas ceux à qui il enseignait les premiers éléments de la doctrine chrétienne, et qui avaient fait une confession générale avec dessein de changer de vie et de mépriser de bon cœur, de haïr et de fuir la corruption du siècle.

« Le second était composé de ceux qui s'étaient mis sous sa direction, et qu'il exerçait dans la pratique du mépris du monde. Il les retenait plus longtemps dans ce degré qu'on n'a coutume de retenir dans leur noviciat les novices des ordres les plus sévères. Il les y éprouvait par tout ce qu'il y a de plus contraire à l'esprit du monde, et n'omettait rien pour leur ôter toutes sortes de considérations humaines, et pour leur faire aimer l'ignominie de la croix du Sauveur.

« Dans l'ordre le plus haut et le plus parfait étaient ceux qui faisaient profession du mépris du monde ; et il n'y recevait personne qui ne se fût exercé plusieurs années dans cette école du Fils de Dieu, et qui n'eût remporté plusieurs grandes victoires sur l'amour du monde et sur l'amour-propre. Toutes les personnes qui ont été admises dans ce troisième degré ont passé pour des modèles trés-rares de vertu et de sainteté, et Dieu les a honorées dès cette vie des marques extraordinaires de son amitié. »

XXII

Charité ardente de Maître Michel envers son prochain.

« L'amour pour Dieu, qui ne peut être véritable, selon l'apôtre saint Jean, s'il n'est accompagné de l'amour pour le prochain, ne manqua pas en Maître Michel de cette marque nécessaire de la parfaite charité. Il ne fut pas sitôt inspiré de s'adonner à la vertu, qu'il conçut ce zèle ardent du salut des âmes qu'il pratiqua avec tant de dévouement jusqu'à la mort.

« Quoique les secours spirituels qu'il rendait à tout le monde fussent ceux auxquels il s'était principalement dévoué, il ne manquait aussi jamais d'assister tous ceux qui souffraient quelque nécessité corporelle. On sait d'un grand nombre de témoins qu'il s'est souvent dépouillé de ses propres habits, et même de sa chemise pour en revêtir des pauvres, ne se réservant que sa seule soutane.

Pendant un hiver rigoureux, il n'eut absolument que ce vêtement pour se défendre du froid, de sorte qu'il souffrit extrêmement.

« Quand il s'était ainsi dépouillé, il ne lui était pas aisé de recouvrer bientôt ce qui lui était nécessaire pour se faire habiller, parce qu'il ne pouvait remarquer aucune personne dans la nécessité, qu'il ne lui donnât aussitôt avec quelque sorte de profusion ce qui lui venait d'argent de son bien ou des charités qu'on lui faisait.

« Sa bourse ne demeurait jamais pleine plus d'un jour; et il ne se couchait point, qu'il n'eût distribué tout ce qu'il avait aux pauvres veuves et aux orphelins, qu'il allait promptement chercher dans leurs maisons pour les assister. Il disait que *Dieu lui ayant donné les sentiments qu'il avait pour les pauvres, il se fût cru du nombre des réprouvés s'il eût gardé plusieurs jours un écu d'argent*. Il s'est trouvé des personnes qui ont attesté qu'elles l'ont vu recevoir tout son revenu d'une année, qui était assez considérable, et le distribuer entièrement aux pauvres dès le même jour.

« Mais il ne se contentait pas de se priver de son propre bien pour satisfaire sa charité, il se faisait lui-même pauvre et mendiant pour subvenir aux besoins des malades et de toutes les personnes qui souffraient, et pour faire faire des œuvres de miséricorde aux personnes qui en avaient le moyen.

« Il aimait à se voir sans pain après avoir donné le sien aux pauvres, afin d'avoir une raison d'aller en demander de porte en porte. On l'a vu souvent, après avoir rempli le coin de son manteau de morceaux de pain qu'il avait ainsi mendiés, aller de côtés et d'autres chercher les plus pauvres pour les leur distribuer.

« Aussitôt qu'il avait découvert le besoin pressant de quelques pauvres honteux, il leur portait assez ordinairement ce qu'on lui avait préparé pour ses propres repas, en attendant qu'il eût trouvé quelques moyens de les mieux secourir. »

« Plusieurs honnêtes familles affligées, qui tenaient leur misère fort secrète, étaient dans un grand étonnement, en voyant venir ce saint homme lorsqu'on y pensait le moins, comme un ange du ciel que la Providence divine envoyait à leur secours, après lui avoir appris l'état pitoyable où elles se trouvaient réduites. Quoique la honte en empêchât plusieurs d'avouer l'extrémité où ils étaient, il les forçait de recevoir des sommes capables de les mettre bien dans leurs affaires, et il leur promettait de garder un secret auquel il croyait être encore plus intéressé qu'eux.

« Ces pauvres gens, surpris de sa charité ardente, ne l'étaient pas moins de la manière dont ils voyaient souvent profiter le pain et l'argent qu'ils avaient reçu de lui, comme s'ils eussent multiplié entre leurs mains après avoir déjà multiplié dans les siennes, avant qu'il les leur donnât. Dieu bénissait de telle sorte cette tendresse que son serviteur avait pour les membres souffrants de Jésus-Christ, que quelque prodigue qu'il fût en leur faveur, il trouvait toujours de nouvelles ressources, qui favorisaient son désir de n'en jamais abandonner aucun; et un prêtre vertueux qui a été vingt-cinq ans son confesseur, et qui avait observé soigneusement sa dépense de chaque année, assurait que ce que Maître Michel employait en charités dépassait plus de vingt fois son revenu. »

Il serait trop long d'entrer, à la suite du P. Verjus, dans le détail des infortunes que secourait Maître Michel. Disons seulement qu'en portant ses secours aux malades et aux affligés, il trouvait moyen par ses charitables paroles de leur rendre la paix et la joie, et qu'il en a tiré plusieurs du désespoir où ils étaient tombés. Le saint prêtre avait fait cette remarque si utile dans la pratique des œuvres de charité, que si trop souvent on est peu ou point écouté lorsqu'on veut parler de Dieu aux gens qui se portent bien, il n'en est pas de même ordinairement lorsqu'on s'adresse à ceux que la maladie cloue sur un lit de douleurs. Le désœuvrement, l'ennui, l'abandon où ils sont souvent réduits, toutes ces causes réunies disposent ces pauvres malades à accueillir et à écouter avec empressement ceux qui viennent les consoler. Aussi Maître Michel assistait et visitait avec un zèle infatigable toutes les personnes qu'il savait retenues par la maladie, mais il se faisait en outre seconder par plusieurs personnes dévouées. Ainsi il persuada à Mme de Catélan et à Mme de Balaire, ses nièces, et à plusieurs autres femmes distinguées par leur naissance et leur fortune, de s'adonner à la visite des malades et d'apprendre à panser leurs plaies et à leur préparer des remèdes. Il leur promit que Dieu bénirait leurs soins et leur zèle; et lui même donna sa bénédiction à leurs mains qui devaient être occupées à un travail si louable. Cette bénédiction du saint donna une efficacité admirable aux soins que ces pieuses femmes prodiguèrent aux malades des diocèses de Léon et de Cornouailles, au point qu'elles guérirent la plupart de ceux qui avaient été abandonnés des médecins. Ce fut un grand sujet d'étonnement et d'admiration pour tout le monde.

Nous ne pouvons entreprendre le récit des guérisons miraculeuses que la charité du saint missionnaire lui fit opérer continuellement. Il faudrait un volume pour raconter celles qui ont été constatées officiellement ou relatées par écrit, sans parler de toutes celles dont le souvenir s'est perdu. En voici quatre qui nous ont particulièrement frappé. Laissons la parole à Mme de Kerourien, l'une des personnes qui reçut la santé de Maître Michel. Elle écrivait, au moment où l'on faisait les informations relatives à la vie du saint prêtre : « Sans m'arrêter davantage à vous dire tout ce que j'ai connu des vertus admirables de M. Le Nobletz, je passe à ce que je sais et à ce que j'ai vu ou expérimenté moi-même de ses miracles.

« Ma mère était fort travaillée d'un mal qui lui avait gâté toute la jambe, et qui depuis longtemps lui en avait interdit l'usage, sans que les médecins eussent pu lui apporter aucun soulagement. C'était une de ces incommodités que nous nommons en cette province le mal de Saint-Cadou (dépôts, scrofules). M. Le Nobletz l'étant un jour venu voir en cet état, la trouva fort affligée du mal qu'elle endurait, et de

l'obstacle qu'il lui apportait dans ses affaires et dans la conduite de sa maison.

« Ce saint homme touché de compassion lui dit: « Si Dieu voulait vous guérir, ne vous donneriez-vous pas volontiers et de tout votre cœur à son service? » Ma mère le lui ayant promis sans peine, il fit quelques prières; et, ayant touché la jambe malade, en faisant le signe de la croix, il l'assura qu'en peu de temps Dieu la soulagerait: ce qui arriva ainsi qu'il l'avait dit, ma mère ayant recouvré dans huit jours une parfaite santé, quoiqu'il n'y eût aucun remède qu'elle n'eût essayé auparavant, sans en recevoir aucun soulagement.

« Mais un miracle plus sensible fut celui qu'il fit depuis en ma faveur. Etant à Quimper, à l'âge de neuf ou dix ans, je fus atteinte d'une fièvre continue qui dura cinq ou six semaines, au bout desquelles une perte continuelle de sang, qui me coulait abondamment par la bouche et par le nez, fit tout-à-fait désespérer de ma vie à tous les médecins de la ville, qui avaient eu soin de moi depuis le commencement de ma maladie. Cet accident étrange fit tant de bruit dans la ville, que tout le monde accourait pour me voir. Les uns me considéraient avec pitié, les autres s'efforçaient d'arrêter le cours de mon sang; quelques-uns m'appliquaient des bagues sur les doigts, d'autres me mettaient des chapelets au cou; enfin, chacun apportait quelques reliques pour me soulager; mais tout cela n'eut aucun bon effet, et tous concluaient qu'il en fallait mourir.

« Quand M. Le Nobletz arriva, il s'approcha de mon lit, et après m'avoir un peu considérée, il récita l'Evangile. A peine l'eut-il achevé que mon sang s'arrêta, et que je fus prise d'un profond sommeil, qui dura deux heures. Ce saint homme, voyant que les assistants s'étonnaient d'un tel changement, se retira promptement par humilité, pour éviter les louanges qu'on voulait lui donner.

« Pour moi, aussitôt que je fus éveillée, je demandai à manger, quoique depuis plusieurs jours je n'eusse pu rien avaler. Chacun, ravi d'aise, court pour me servir ; et de mon côté, je fis merveille ; je mangeai fort bien, et me trouvai dans une santé si parfaite, que ce fut avec beaucoup de peine qu'on me retint le reste de ce jour-là au lit. Je n'étais pas si jeune que je ne me souvienne fort distinctement de tout ceci.

« Voici l'autre faveur que je reçus depuis de M. Le Nobletz. Il y a neuf à dix ans que j'étais chez moi dans les plus extrêmes douleurs de l'enfantement. M. de la Coste, recteur de Plomoguer, passant pour aller au Conquet, vint s'informer de mes nouvelles, et me trouvant fort mal, m'assura qu'il se souviendrait de moi en ses prières, et qu'il allait me recommander à celles de M. Le Nobletz, de la vertu duquel il faisait une très-grande estime.

« Etant arrivé ensuite au Conquet, M. de la Coste alla dire au saint homme la nouvelle de ma maladie. Mais il en reçut aussitôt cette réponse : « Monsieur, mettez-vous l'esprit en repos. Mme de Kerouri en est accouchée d'un garçon, et se porte fort bien. »

« M. de la Coste, étonné de cette assurance, remarqua l'heure a laquelle il lui avait parlé, et apprit depuis que les effets s'accordaient précisément à ce qu'il avait dit, et il m'en fit le récit bientôt après.

« Quantité d'autres personnes m'ont dit de cet homme de Dieu beaucoup de merveilles ; mais, comme vous les savez mieux que moi, puisque vous en avez fait des informations, je ne vous en dirai rien davantage. »

La piété de Mme de Kerourien donne grande autorité à son témoignage ; il a été en outre confirmé par celui de plusieurs personnes jouissant d'une grande considération.

« Une veuve du Conquet, nommée Clémence Le Restou était affligée d'un mal de bras qui le lui avait rendu presque aussi gros que le reste de son corps. Le chirurgien voyant ce bras tout noir de la gangrène, disposait cette femme à le lui laisser couper pour conserver sa vie. Mais notre saint missionnaire, dont les remèdes étaient plus sûrs et moins fâcheux, ayant empêché cette cruelle opération, détrempa de la poussière avec sa salive, et appliquant cette boue sur le bras malade, et faisant le signe de la croix sur le mal, il dit à cette femme qu'elle serait guérie, et la quitta en lui promettant de retourner la voir le lendemain.

« Il y avait douze nuits qu'elle n'avait pu dormir, et l'envie lui en étant venue aussitôt qu'elle eut été frottée de cette boue, elle le fit fort longtemps et fort profondément. Le saint homme l'ayant visitée à son réveil, trouva qu'elle commençait à avoir quelque mouvement de bras et quelques doigts libres, et que sa douleur était diminuée.

« Cette femme le remerciant déjà comme son bienfaiteur, il lui dit qu'il l'abandonnerait si elle en témoignait rien à qui que ce fût. Il alla ensuite quérir des herbes communes, qu'il lui tint un peu de temps sur son mal, et lui recommanda fort de dire à ceux qui s'enquerreraient de la manière dont elle aurait été guérie, qu'il lui avait donné des herbes.

« Le bras s'étant alors désenflé de plus de moitié, et la gangrène s'étant dissipée, le saint homme retourna la voir le lendemain et lui dit « qu'elle guérirait entièrement dans ce jour-là même, mais qu'elle ne laisserait pas de ressentir au bras de temps en temps de légères douleurs, qui seraient pour l'exciter à penser à la bonté de Dieu, et à le remercier de ce qu'il lui avait plu de la délivrer d'un si grand mal en trois jours. » Le tout s'accomplit comme il le lui avait prédit.

Le zèle ardent du salut des âmes dont fut embrasé Maître Michel était la cause de l'excessive douleur que lui causaient les péchés des hommes.

« Dieu lui ayant fait connaître les abominations de gens qui se rendant esclaves du démon conspiraient avec lui pour détruire le règne de Dieu sur la terre et démoraliser les âmes, et qui profanaient les sacrements de la manière la plus horrible, il conçut une douleur si profonde et versa tant de larmes, qu'il en perdit les cils des yeux, et en pensa même perdre la vue à force de pleurer. Les fluxions qui lui en demeurèrent la lui affaiblirent tellement qu'elles l'empêchèrent de pouvoir lire pendant les quinze dernières années de sa vie, et contribuèrent avec ses autres infirmités à le priver de la joie qu'il avait toujours eue auparavant, de pouvoir dire la messe tous les jours. »

Remarquons qu'à toutes les époques de l'histoire de l'Eglise on retrouve la trace de ces rapports sacriléges entre des chrétiens apostats et le serpent infernal. Mais jamais peut-être le démon n'a trouvé un aussi grand nombre de suppôts qu'à notre époque. Les sociétés secrètes lui fournissent une quantité effrayante de renégats qu'il anime de sa rage infernale contre Jésus-Christ et ses adorateurs. Encouragés par leur grand nombre et l'impunité, disons plus, par la connivence qu'ils trouvent dans la plupart des gouvernements, ils lèvent la tête contre l'Eglise, et l'attaquent au grand jour avec une fureur et une audace qu'on n'avait jamais vues jusqu'ici. On est atterré lorsqu'on lit dans les véridiques récits du P. Bresciani les détails des serments sacriléges et des horribles profanations exercées sur le très-saint Corps de Notre-Seigneur dans les réunions abominables de ces énergumènes. O Seigneur Jésus, vous saviez, en instituant le Sacrement adorable de votre amour, que votre Corps divin serait maintes et maintes fois profané par vos créatures affolées d'une haine infernale ; et cependant, pour pouvoir vous donner à vos enfants fidèles, vous n'avez pas hésité à fixer à jamais votre demeure au milieu de nous dans un tabernacle sans défense ! Soyez à jamais béni pour un tel amour !

Maître Michel s'attacha particulièrement à convertir les malheureux engagés dans ces pratiques sataniques. Eclairé de lumières surnaturelles, il réussit à trouver des industries toutes particulières pour découvrir ces mystères d'iniquités, et pour faire avouer aux plus criminels de ces apostats les crimes énormes qui se commettaient dans leurs réunions sataniques.

« Ce n'était pas seulement ces sortes de péchés qui le faisaient pleurer de douleur. Un archidiacre de Léon, très-savant et très-vertueux, le rencontra un jour fondant en larmes sur un grand chemin; et lui ayant demandé la cause de sa douleur: « J'ai trouvé, lui dit ce saint homme en sanglotant, une personne extrêmement âgée, qui ne connaît pas encore Celui qui est mort pour nous, et qui est insensible pour tout ce qui regarde son salut. »

« La tristesse qu'il avait conçue de l'aveuglement et de l'insensibilité de cette femme fut si grande, qu'il en tomba malade, et ne recouvra sa santé que plusieurs jours après. »

Il avait une tendresse toute particulière pour les pécheurs, parce que Jésus-Christ les a aimés d'un amour extrême. Quelque endurcis qu'ils fussent, il ne désespérait jamais de leur conversion.

« Comme il donnait un jour la nourriture spirituelle à plusieurs pauvres qu'il avait assemblés pour leur donner ensuite la nourriture corporelle, une personne dont il se servait pour faire cette distribution ayant aperçu une pécheresse publique et invétérée depuis longtemps dans le mal, ne crut pas que cette pauvre fille fût capable de profiter de l'instruction que Maître Michel faisait à ces pauvres, ni qu'elle dût avoir part à l'aumône qu'on leur allait faire. Elle voulut donc la chasser de la troupe, et la tirait déjà dehors avec effort. Mais le saint homme, blâmant son zèle indiscret, par un zèle bien plus éclairé et plus ardent, exhorta cette fille décriée par sa mauvaise conduite, à demeurer et à entendre son exhortation.

« Elle le fit avec tant de bonheur, qu'étant touchée au vif de la ferveur, de l'humanité et de la douceur du charitable missionnaire, elle imita la Madeleine, en se jetant à ses pieds avec beaucoup de confiance et de regret de ses péchés; et après avoir fait une confession générale, elle s'éloigna toujours depuis avec beaucoup de soin et de fidélité de toutes les occasions du péché, et consacra, pour faire pénitence de ceux qu'elle avait commis, ce qui lui restait de vie au service des malades dans un hôpital.

« Maitre Michel touchait d'ordinaire de cette façon, en prêchant, les plus insensibles, par la véritable compassion qu'il avait de les voir aveuglés par les enchantements de ce monde trompeur; et les larmes que sa charité lui faisait quelquefois verser en abondance sur les pécheurs, au milieu de ses discours, étant encore plus efficaces que ses paroles, ont remporté un grand nombre de victoires signalées sur les ennemis de la croix du Sauveur, et lui ont ouvert les esprits les plus rebelles et les cœurs les plus endurcis. »

Le zèle ardent de Maître Michel lui fit inventer nombre d'industries ingénieuses pour instruire et sanctifier les populations basse-bretonnes. Cantiques et traités spirituels, tableaux symboliques, lettres sans nombre, etc..... Nous en avons vu le détail précédemment. Il excellait aussi dans l'emploi des moyens ordinaires à tous les missionnaires, les sermons, les catéchismes, les entretiens particuliers, et les confessions, qu'il entendait avec une patience infatigable.

Dans ses sermons, loin de rechercher à briller par une éloquence étudiée, et à s'attirer l'admiration par des considérations plus profondes et plus subtiles qu'intelligibles pour la plupart de ses auditeurs, Maître Michel s'étudiait à « laisser le discours, la doctrine et l'éloquence, afin de ne dire que juste ce qu'il faut, comme il l'écrivait à un ami. J'aime fort à parler par signes, à parler briefvement. J'aime le rustique discours et le rude langaige, par une raison, bien pertinente en soy, et renfermant un grand mystère, c'est que ceux qui avoient réediffié le Temple et les murailles de Jérusalem, s'estoyent servis de pierres fort rudes et non laboureez, ny orneez..... De plus, puisque je recommande le mespris du monde, je doibs montrer par effet que je mesprise la vaine éloquence, et que je veux garder l'humilité dans mes penseez et dans mes discours.»

Il arrivait, du reste, que ce saint homme produisait un effet d'autant plus profond qu'il le recherchait moins. Doué d'une intelligence remarquable, d'une mémoire et d'une science étonnantes, animé d'un zèle brûlant du salut des hommes, sa grande âme s'épanchait dans le cœur de ses auditeurs avec une force et une onction qui les mettaient hors d'eux-mêmes. La tradition a gardé un souvenir vivant de sa parole brève, rapide, enflammée, profonde, imagée, variée, et surtout de ses accents tendres et pathétiques qui conquéraient tous les cœurs. Quoi de plus sublime que ces élans qui s'échappaient de ses lèvres en face de l'océan, lorsqu'il s'adressait à la foule avide de l'entendre?... «Oh! si je pouvais faire que toutes les gouttes de cette mer, que tous les brins d'herbe qui sont sur la terre, que tous les grains de sable qui sont sur les rivages et au fond de cet océan, que toutes les étoiles qui sont au firmament fussent autant de belles langues; oh! que de bon cœur je les y changerais, pour vous louer à jamais, ô mon Dieu!.... Si je pouvais créer cent mondes pleins d'ardents Séraphins, oh! que de bon cœur je le ferais!.... Mais que seraient tous ces objets auprès de votre grandeur et gloire? Ce serait une goutte d'eau auprès de l'Océan. Car pour tout cela vous ne seriez ni plus grand ni plus glorieux.... »

La science parfaite qu'avait Maître Michel de l'Ecriture et des Pères le dispensait d'employer beaucoup de temps à préparer ses discours. Il s'y disposait ordinairement aux pieds de son crucifix, et il y puisait dans la méditation cette onction admirable dont il remplissait ensuite tous les cœurs.

« Il faisait même quelquefois ses sermons sur le champ, quand il en était besoin ; et c'était alors que le Saint-Esprit lui mettant à la bouche ce qu'il devait dire, il prêchait avec le plus de fruit. C'est ainsi qu'un jour qu'il prêchait dans une paroisse, un abbé plein de mérite et de piété, qui y faisait sa visite, lui recommanda, en lui donnant sa bénédiction, la brièveté par ces deux mots latins *Esto brevis* (soyez bref). Maître Michel fut inspiré de laisser le discours qu'il avait préparé, et de prendre pour son texte les deux petits mots de l'abbé. Il le fit avec tant de bénédiction du ciel, et parla d'une manière si touchante du Verbe de Dieu qui s'est fait petit par amour, du malheur de ceux qui veulent s'agrandir, et qui ne savent pas s'accommoder à la brièveté des honneurs, des plaisirs et des autres biens de ce monde, et enfin de la grandeur et de la durée des peines dont ces biens si courts et si petits seront suivis, qu'il laissa tous ses auditeurs sanglotant de la douleur qu'ils avaient d'avoir été jusque-là si peu affectionnés à la petitesse de l'Enfant Jésus. »

Maître Michel excellait à toucher les cœurs dans les conversations particulières. Sa douceur, sa prévenance pleine d'une humilité qui n'excluait pas la dignité, son abord cordial, son air de joie céleste, son adresse à intéresser ses interlocuteurs, puis à amener doucement la conversation sur le terrain des choses du ciel, tout en notre saint missionnaire contribuait à gagner les âmes à Dieu.

XXIII

Don d'oraison de Maître Michel.

Comme tous les Saints, Maître Michel était bien convaincu que l'homme ne peut rien faire de bon et d'utile par lui-même ; aussi mettait-il la prière bien au-dessus de l'action. Il avait remarqué que la prédication toute seule, sans l'aide de la prière, ne peut pas plus que le son d'une cloche inutile, au lieu que la prière peut, sans le secours de la prédication, produire de merveilleux effets pour la conversion des âmes. Aussi cet homme apostolique *priait-il sans cesse,* comme le conseille Notre-Seigneur. Il faisait des retraites fréquentes pour se livrer sans aucune entrave à la prière ; et après avoir donné tout le jour aux travaux des missions, il passait les trois quarts des nuits à s'entretenir avec Dieu.

« Pour cacher les transports extraordinaires de la grâce qui le ravissaient hors de lui-même, et lui faisaient presque entièrement perdre l'usage des sens extérieurs, il avait coutume de se retirer des compagnies, quand il sentait les approches de l'esprit divin ; ou du moins, s'il ne pouvait quitter entièrement les personnes avec lesquelles il était, il se mettait en quelque coin, et se couvrait le visage avec les mains, ce qui faisait croire à ceux qui le voyaient en cette posture qu'il était endormi. C'était un sommeil de ses sens qui rendait son âme si éclairée, qu'on l'a vu souvent à son réveil dire des choses extraordinaires qu'il ne pouvait avoir apprises que de Dieu par une voie surnaturelle. Ainsi il dit à plusieurs personnes, neuf mois avant la naissance du roi Louis XIV, lorsque personne ne pouvait encore savoir qu'il fût conçu : « La Reine (Anne d'Autriche, femme de Louis XIII) est grosse d'un enfant qui gouvernera cette monarchie ; il aura une prudence extraordinaire, et chérira la vertu et le mérite. »

« Il eut aussi la connaissance de l'élection du Pape Innocent X (1644), et on le vit un jour, dans une conversation, demeurer tout d'un coup sans dire mot ; puis, après un assez long silence, élevant les yeux et les bras au ciel, il prononça fort affirmativement ces paroles : « Dieu soit loué de ce que nous avons à présent un Pape ! » Ayant fait ensuite une seconde petite pause, pendant qu'on s'étonnait de le voir ainsi assurer une nouvelle qui avait si peu de vraisemblance, il recommença d'un ton de voix plus haut qu'auparavant : « Oui assurément nous avons un Pape qui s'appelle Innocent ; rien au monde n'est plus véritable. » La suite du temps apprit que ce saint homme avait ainsi raconté ce qui se passait à Rome au même moment. »

Maître Michel prédit ainsi un très-grand nombre d'événements, notamment la révolution d'Angleterre et l'abominable régicide qu'elle commit ; la venue des Pères Jésuites en Bretagne et le bien immense qu'ils y feraient ; il prédit maintes et maintes fois que l'un de ces Pères lui succéderait dans l'œuvre de ses missions, qu'il se servirait avec grand succès de ses énigmes, de ses instructions, de ses traités spirituels et de ses autres pieuses industries de zèle ; que Dieu guérirait ce religieux (le P. Maunoir) d'une maladie mortelle par un miracle insigne, et lui ferait surmonter quantité d'obstacles pour l'amener à achever la conversion des Bretons.

«Il dit à un curé qui voulait lui donner l'Extrême-Onction dans une maladie qui le réduisit à l'extrémité, « que c'était à lui-même à se préparer à la mort ; qu'il le dévancerait de quelques années, et qu'avant le commencement de la prochaine, il lui faudrait paraître devant le souverain Juge. » La mort subite de ce curé, qui arriva quelques mois après, et qui précéda celle de Maître Michel de cinq ans, fut la confirmation de sa prophétie.»

Très-souvent il lisait dans les consciences. Ainsi, comme une des saintes femmes qui sous sa direction instruisaient les ignorants, se préparait à lui faire une confession générale de toute sa vie, elle fut très-surprise de recevoir écrits de sa main tous les péchés qu'elle avait faits depuis l'âge de sept ans, et dans l'ordre du temps qu'elle les avait commis.

« Les prières de Maître Michel étaient toujours accompagnées de cette humilité intérieure et de cette défiance de ses propres forces qui pénètre les cieux, et qui touche le cœur de Dieu; et il y joignait un grand respect et une grande modestie extérieure, priant d'ordinaire au milieu de sa chambre, sans être appuyé, et ayant le corps à demi courbé, comme plusieurs personnes l'ont observé à son insu. Il reconnaît dans ses écrits secrets que Dieu ne lui a refusé aucune des grâces qu'il avait demandées avec cette confiance et cette assiduité parfaites.

« Plusieurs personnes l'ont vu en diverses occasions, quand il était en oraison, ou élevé au-dessus de terre, ou environné de rayons de lumière, ou accompagné d'un jeune homme, qui était tout lumineux, plein d'une grande modestie, et quelquefois revêtu d'un surplis comme lui-même; ils l'ont tous pris pour son ange gardien, ou pour un des anges tutélaires du pays où il travaillait si utilement au salut des âmes.

« L'attention de Maître Michel dans ses prières n'était pas moins merveilleuse, puisqu'il a passé plusieurs des dernières années de sa vie sans avoir dans ses oraisons aucune distraction volontaire, comme il l'a avoué à son directeur.

« Ses prières étaient d'ordinaire mêlées d'actions de grâces qu'il rendait à Dieu ; et il disait qu'il ne trouvait pas de moyen plus infaillible d'en obtenir les faveurs qu'il lui demandait, que de le remercier avec beaucoup de soin de celles qu'il en avait déjà reçues.

« Quelque attache qu'il eût à cet exercice des anges (la prière), son plus grand soin fut toujours de se vaincre soi-même et de purger son âme de tout ce qui n'était pas Dieu. Il jugeait plus utile de résister à une petite affection déréglée, ou de mortifier une passion, quelque légère qu'elle fût, que de prier et de méditer une journée entière ; parce que, disait-il, quand on mortifie ses passions, on a déjà ce qu'on doit principalement et presque uniquement rechercher dans l'oraison.

« Il ne faisait point de difficulté de préférer les personnes riches qui faisaient de grandes aumônes et de courtes prières, à celles qui faisaient de longues prières et de très-petites aumônes, parce que, disait-il, les premières mortifient la passion de l'avarice qui est ordinaire à ceux qui ont de la fortune, au lieu que l'attachement aux biens périssables de la terre règne dans le cœur des dernières plus que le vrai amour de Dieu et du prochain,

Il jugeait que les douceurs sensibles et les lumières extraordinaires qu'il recevait en si grande abondance dans la prière, étaient des dons dangereux et sujets à illusion ; il les redoutait plus qu'il ne les désirait. Il ne les estimait qu'autant qu'elles étaient suivies d'un très-humble sentiment de soi-même, d'une grande mortification intérieure et de victoires sur l'amour-propre et sur l'estime du monde.

« Maître Michel n'avait pas besoin de ces attraits sensibles pour demeurer fidèle et constant dans la prière. Il s'est quelquefois trouvé en proie à des ténèbres, des sécheresses et des désolations intérieures, qu'il avouait lui être plus sensibles que la mort et le martyre ; mais il ne se relâchait pas un seul moment de ses exercices de piété. Il s'astreignait même, dans ces occasions, à des oraisons plus longues et plus assidues, et luttait, pour ainsi dire, comme un autre Jacob, contre Dieu même, qui lui rendait enfin la joie et la paix de l'âme. »

Maître Michel avait une dévotion profonde pour la très-sainte Trinité. Il invoquait en toutes rencontres les trois adorables Personnes, et il s'entretenait tendrement avec elles à la fin de toutes ses méditations. Il se proposait en tout pour modèle Notre-Seigneur Jésus-Christ, dont il méditait sans cesse les paroles et les actions.

« Mais il honorait surtout, avec une vénération et une tendresse particulière, les souffrances de la Passion auxquelles nous devons notre salut ; et l'on peut dire que s'il considéra toute sa vie le Sauveur, il en employa la moitié à le considérer attaché sur la croix par amour. C'était le sujet le plus ordinaire de ses méditations et de ses entretiens. Il le faisait aussi méditer tous les vendredis à ses disciples. Durant tout le temps qu'il demeura à Douarnenez, il lavait tous les ans, le jour du Jeudi-Saint, les pieds à douze pauvres pêcheurs, pour honorer l'humilité avec laquelle le Fils de Dieu se disposa au supplice de la croix ; et il employait la nuit du Jeudi au Vendredi-Saint à visiter l'espace compris entre le Porzit et l'église paroissiale de Plouaré, qu'il avait divisé en sept différentes stations, en mémoire de celles que fit le Sauveur au temps de ses dernières souffrances. Il expliquait à quelques pauvres pêcheurs qu'il avait instruits dans la perfection évangelique, il expliquait à chaque station, en forme de méditation, quelque partie de la Passion qu'il avait partagée pour cela en sept méditations.

« Il avait le cœur plein d'ardeur et de reconnaissance pour Notre-Seigneur dans l'adorable Sacrement de l'autel, qui est comme une continuation du sacrifice sanglant du Calvaire ; il en faisait le principal et comme l'essentiel de toutes ses dévotions, et s'y préparait avec un soin extrême.

« Comme la sainte Vierge eut pour lui une tendresse de Mère, il eut toujours pour elle les sentiments d'un fils très-reconnaissant. Il récitait tous les jours en son honneur le chapelet et des prières composées des éloges que l'Eglise et les saints Pères lui donnent. Il ne faisait aucune demande à son divin Fils, sans s'adresser à elle par quelque aspiration de cœur ; car il croyait que le Sauveur n'avait jamais de prières plus agréables que celles où l'on employait le crédit de sa Mère.

« Pour donner aux autres les mêmes sentiments de dévotion qu'il avait pour la Reine du ciel, Maître Michel composa un traité et une énigme spirituelle sur ses perfections admirables ; il les donnait à lire et à étudier à ses disciples. Il enseignait dans tous les endroits où il allait en mission les Mystères de sa vie, et la manière de les méditer en récitant le Rosaire. »

Remarquons ici que cette belle dévotion du Rosaire, tant recommandée par notre saint Pontife Pie IX comme l'arme la plus puissante pour sauver l'Eglise et la société battues si furieusement en brèche par l'enfer, la dévotion du Rosaire a été chère à tous les saints au-delà de ce qu'on peut dire. On n'en est pas étonné quand on considère de quelles prières est composé le Rosaire. Pour ne parler que de l'*Ave Maria*, rappelons-nous ce qu'on lit dans les Révélations de sainte Gertrude, ces écrits tout célestes qui ont une si grande autorité dans l'Eglise : « Un jour, comme on chantait à matines *Ave Maria*.... Gertrude vit jaillir du Cœur du Père, du Fils et du Saint-Esprit, trois jets de joie indicible. qui pénétraient au cœur de la Bienheureuse Vierge, pour de là remonter à leur source, et il fut dit à la sainte : « — Après la puissance du Père, la sagesse du Fils, la tendresse miséricordieuse du Saint-Esprit, rien n'approche de la puissance, de la sagesse, de la tendresse miséricordieuse de Marie.

« Gertrude apprit aussi que cet épanchement du cœur de la Trinité Sainte au cœur de Notre-Dame se reproduit chaque fois qu'une âme, sur la terre, récite dévotement l'*Ave Maria*, et qu'il se répand alors, par le ministère de la très-sainte Vierge, comme une rosée de joie nouvelle sur les anges et les saints. En même temps, dans chacune des âmes qui disent la Salutation angélique, s'accroissent dans une grande mesure les trésors spirituels dont l'Incarnation du Fils de Dieu les avait déjà enrichies. »

« Outre la sainte Vierge, cette protectrice générale de tous les hommes auprès de Dieu, Maître Michel s'était choisi au ciel un grand nombre d'autres amis et d'intercesseurs particuliers. Ainsi il honorait les saints Anges avec une application particulière. Il implorait particulièrement le secours des Anges gardiens des lieux où il faisait ses missions, et ceux des personnes auprès desquelles il exerçait son zèle. Il en usait de même à l'égard des patrons des diocèses, des villes et des bourgades où il allait, et s'adressait à eux avec un soin et une confiance extraordinaires, ne doutant nullement que Dieu leur donnât un grand pouvoir pour assister les provinces et les peuples qui les avaient choisis pour leurs protecteurs; et cette raison lui avait donné une tendresse particulière pour saint Corentin, premier évêque et patron du diocèse où il s'est le plus longtemps employé au salut des âmes.

« Il était singulièrement dévot à saint Joseph, à cause de sa chasteté; à saint Pierre, à cause de sa foi; à saint Jean l'Evangéliste, à cause de sa charité ardente envers Dieu et le prochain; à sainte Anne, la mère de la glorieuse Vierge Marie..... Il invoquait souvent sainte Barbe; il visitait tous les jours sa chapelle au Conquet, pendant qu'il y fit son séjour, pour obtenir par son intercession une heureuse mort et la grâce d'être fortifié des sacrements de l'Eglise avant ce passage terrible. »

Cette sainte voulut montrer par un gracieux prodige combien elle agréait la tendre dévotion de Maître Michel. Le saint missionnaire étantallé à son ordinaire prier à sa chapelle, le 25 novembre 1646, peu d'années avant sa mort, il s'aperçut avec douleur qu'un autel sur lequel on allait dire la messe se trouvait très-peu propre et tout couvert de poussière. Il se mit aussitôt en devoir de le nettoyer de son mieux. Ne trouvant rien pour épousseter l'autel, il fut obligé de se servir d'une tige de lys toute desséchée qui avait été oubliée dans un coin depuis six mois par ceux qui prenaient soin de la chapelle.

A peine eut-il commencé à se servir ainsi de cette tige desséchée, que les assistants, à leur grande stupéfaction, virent ce vieux rameau se couvrir de nombreux boutons blancs tout frais et qui commençaient à s'épanouir. Mme de Catélan, nièce de Maître Michel, qui fut témoin de cette merveille, s'approcha de lui et lui fit remarquer quelle belle fleur il avait entre les mains. L'humble missionnaire parut tout surpris de cette merveille. Il s'inclina profondément devant la statue de sa chère sainte Barbe, en disant : « Cela ne m'appartient pas, mais à la grande sainte que Dieu veut que nous honorions en ce lieu. » Il déposa aussitôt la tige miraculeuse sur l'autel avec un profond respect; puis il continua ses prières.

Le bruit de ce miracle se répandit rapidement; une foule de personnes vinrent admirer ce lys miraculeux dont elles s'arrachèrent les fleurs, en bénissant Dieu de ce qu'il daignait honorer ses serviteurs d'une manière si touchante.

—

XXIV

Maître Michel est expulsé du diocèse de Cornouailles. Il se fixe au Conquet.

Après avoir embrassé dans un coup d'œil d'ensemble les vertus du grand missionnaire de la Basse-Bretagne, nous allons raconter brièvement ses dernières années et sa sainte mort.

« Cependant les nouvelles persécutions qui s'élevèrent contre Maître Michel l'obligèrent, en 1640, à quitter le diocèse de Cornouailles et cette mission pour laquelle Dieu lui avait donné des tendresses si particulières. On se servit de l'absence de l'évêque pour obtenir par importunité du grand-vicaire du diocèse un ordre de départ ainsi conçu: « Monsieur, vous avez prêché toute votre vie l'obéissance aux autres: pratiquez-la maintenant vous-même. Retournez dans l'évêché de Léon, d'où vous êtes natif, et ne revenez jamais en celui de Cornouailles. »

« Le porteur du billet lui en dit le sujet en le lui remettant; et l'humble serviteur de Dieu lut à genoux ce brutal arrêt de son exil, et le baisa plusieurs fois avec un respect qui ravit d'admiration tous ceux qui étaient présents. Il ne lui échappa aucune plainte ni aucun murmure contre celui qui lui avait donné cet ordre ni contre celui qui l'avait provoqué, mais il se contenta de dire « que l'œuvre de Dieu était accomplie en ce pays-là pour ce qui le regardait, et qu'il reconnaissait que la divine Providence le voulait ailleurs. »

« Chacun trouvait indigne le traitement infligé à un homme que le seul motif de la charité avait porté à passer vingt-cinq ans dans ces missions, et à y essuyer toutes sortes de dangers, de peines et de fatigues; et personne n'ignorait le saint attachement que la volonté de Dieu et l'ardeur de son zèle lui avaient donné pour ce lieu, qu'il avait changé si complétement. Plusieurs des personnes les plus considérables de la ville voulaient faire révoquer cet ordre d'expulsion si inique, et elles avaient assez d'influence pour y réussir facilement.

« Mais l'humble serviteur de Dieu ne leur donna pas le temps de prendre aucune mesure pour ce pieux dessein. La honte d'être ainsi chassé, loin de retarder son obéissance, servait à le consoler de la peine qu'il éprouvait à se séparer d'un peuple qu'il chérissait tendrement. Il fut presque aussitôt prêt à partir qu'il en eut reçu l'ordre; et il ne différa pas d'une heure à chercher une barque pour passer immédiatement au Conquet, qui est le point le plus rapproché du diocèse de Léon.

« Lorsque le peuple de Douarnenez apprit que son apôtre le quittait pour ne jamais revenir, il n'y eut personne qui n'accourût pour lui dire adieu et pour recevoir sa bénédiction. Toute la ville se trouva en un instant sur le port, avec des cris et des gémissements capables de fendre les cœurs les plus durs.

Le saint homme mêla ses larmes à celles que ce peuple versait en abondance. Son discours d'adieux fut entrecoupé par ses soupirs et par les sanglots que personne ne pouvait arrêter. »

Il leur recommanda encore une fois le mépris du monde et la fuite de ses maximes si contraires à celles de l'Evangile. « Du moins, ajouta-t-il, du moins, mes chers enfants, accordez cela à mes dernières paroles, qui sont les paroles du Sauveur: Entr'aimez-vous les uns les autres; chérissez ceux qui vous haïssent; faites du bien à ceux qui vous font du mal, et priez incessamment pour eux. Que ce soit là une marque qui vous distingue non seulement de ceux qui n'ont pas la foi, mais aussi des chrétiens les moins parfaits et les moins portés à embrasser la croix de Jésus-Christ.

« Voici la dernière fois que nous nous verrons en cette vie, mes chers enfants; mais nous nous rejoindrons dans la demeure des saints. Notre bon et aimable Sauveur, qui sera votre père, et sa sainte Mère, qui ne refuse pas d'être aussi la nôtre, nous y invitent tous. Je prie de tout mon cœur et le Fils et la Mère de demeurer avec vous, et de m'accompagner dans mon voyage, au nom du Père, du Fils et du Saint-Esprit. » Il leur donna en même temps sa dernière bénédiction, et monta sur le bâtiment qui devait le porter au Conquet.

« Il s'éleva aussitôt un nouveau cri si lamentable qu'on eût jugé que ce pauvre peuple perdait tout son bonheur et toutes ses espérances, en perdant son saint directeur. Le souvenir vivant de son zèle, de sa foi, de sa charité et de ses nombreux miracles prêchait après son départ, et continua encore longtemps à donner à ces braves gens de la reconnaissance pour la bonté de Dieu et une grande ardeur pour suivre fidèlement les saintes instructions de son apôtre.

« Beaucoup d'entre eux passaient, depuis, tous les ans, le détroit qui est fort large, pour aller visiter leur cher missionnaire, lui demander des conseils, des consolations et la guérison de leurs maladies. L'affection du saint prêtre pour eux était réciproque ; et il avait coutume de dire que Dieu lui avait donné une tendresse particulière pour trois de ses filles (qui étaient les villes de Morlaix, du Conquet et de Douarnenez). Il chérisait surtout cette dernière, parce qu'il eut la joie d'y souffrir davantage pour Jésus-Christ, et d'y faire le plus de bien. Il souhaitait d'y finir ses jours et y avait désigné le lieu de sa sépulture, dans l'église paroissiale, devant l'autel consacré à saint Nicolas.

« Mais toutes ces sortes d'attaches n'empêchèrent en rien la première et la plus forte attache qu'il avait à Jésus-Christ obéissant jusqu'à la mort de la croix. »

Lorsque Maître Michel revint au diocèse de Léon, il était âgé de soixante-trois ans. Il était bien plus exténué par ses austérités et ses fatigues apostoliques excessives que par le poids des années. Il était toujours animé du même zèle, et avait conservé toute l'énergie de son âme Aussi se mit-il aussitôt arrivé au Conquet, à enseigner et catéchiser tous les jours dans plusieurs paroisses du Bas-Léon et dans les maisons particulières, et à former plusieurs personnes pour les rendre capables de seconder son zèle et d'instruire les peuples après sa mort.

« On vit entre autres un effet merveilleux de sa charité et de la grâce de Dieu sur une pauvre fille. C'était une paysanne âgée de vingt-un ans, grossière et ignorante, et dont toute la passion était de gagner sa vie au jour le jour, en conduisant la charrue. Maître Michel assista la mère de cette pauvre fille sur son lit de mort. Il lui prédit le jour et l'heure où elle paraîtrait devant Dieu et reçut son dernier soupir. Cette pauvre mère le supplia, en mourant, d'adopter par charité sa fille abandonnée de tout secours humain.

« Maître Michel engagea l'orpheline à venir demeurer au Conquet chez une demoiselle, pour la servir sans gages, mais à la condition qu'on lui accorderait tout le temps nécessaire pour se faire instruire. Lui-même se donnait une peine incroyable pour lui apprendre sa religion, sans qu'elle parût au commencement en profiter beaucoup ; de sorte que plusieurs personnes, croyant que toutes les peines qu'il prenait pour cultiver un esprit si pesant seraient inutiles, lui conseillaient de s'employer à d'autres œuvres plus fructueuses.

« La maîtresse même de cette pauvre fille, contrevenant à ce qu'elle lui avait promis, faisait tout son possible pour ôter à sa servante le temps qu'elle devait employer à se faire instruire, et pour lui faire perdre la confiance qu'elle avait mise dans son directeur. Alors Maître Michel engagea l'orpheline à aller passer quelque temps à Douarnenez, chez une des saintes veuves qui répandaient l'instruction chrétienne avec un si grand succès.

« La maîtresse de l'orpheline, ne pouvant souffrir qu'on la privât d'une servante si fidèle et si laborieuse, ne se contenta pas de la maltraiter en paroles, elle poussa la brutalité au point de lui donner un rude soufflet, et elle lui dit tout ce qui lui vint à l'esprit de plus offensant contre le saint prêtre et contre ses instructions.

« Maître Michel était bien éloigné de demander à Dieu la punition de ceux qui attaquaient sa réputation par des injures et des calomnies; mais son zèle pour la gloire de Dieu et pour le salut de cette pauvre fille, que ces mauvais traitements avaient intimidée et ébranlée dans sa résolution, le porta à aller trouver la coupable. Il lui dit en présence de beaucoup de personnes, avec un visage enflammé d'une sainte indignation : « Vous avez mal parlé de la parole de Dieu et de ceux qui l'enseignent. Vous avez voulu détourner une orpheline d'apprendre la doctrine de Jésus-Christ, contrairement à votre promesse, contrairement aux dernières volontés de sa mère, contrairement à l'ordre de Dieu. Je ne puis ni ne veux vous battre comme vous l'avez battue ; mais je puis vous jeter aux yeux la poussière de mes souliers, comme le Sauveur me l'ordonne, et vous donner sa malédiction, puisque vous refusez ses bénédictions, que vous eût attirée la charité que vous deviez avoir pour cette pauvre fille. Tout ce que vous lui avez dit pour la détourner de la voie du salut est aussi faux qu'il est vrai que vous serez muette jusqu'à la mort pour le salut de votre âme. »

« Cet arrêt terrible fut bientôt après suivi de l'effet. Maître Michel loua un bateau pour envoyer sa pupille à la sainte veuve de Douarnenez. Celle-ci lui apprit parfaitement en quelques mois la science du salut au moyen des peintures symboliques ; elle l'initia en même temps, au moyen de ces mêmes tableaux, à tout ce qu'on lit dans les livres de piété touchant la perfection chrétienne et les maximes de la vie spirituelle. En même temps, cette âme d'élite sentit s'allumer dans son cœur un grand désir de la perfection et un zèle ardent pour le salut et l'instruction de son prochain.

« Son directeur lui donna bientôt l'occasion de suivre ce saint attrait. Il la fit revenir de Douarnenez six mois après qu'il l'y eut envoyée, et il l'employa à expliquer ses emblèmes spirituels dans ses catéchismes ; ce qu'elle faisait avec tant de modestie et avec une si grande facilité à se faire comprendre, qu'elle donnait de l'admiration et de la dévotion à tous les assistants.

« Maître Michel avait d'abord pris la précaution d'envoyer cette pieuse fille demander la bénédiction de M. Guillerme, grand-vicaire du diocèse. C'était un docteur de Sorbonne, fort éclairé et fort peu disposé à souffrir qu'une villageoise se mêlât d'enseigner. Mais ayant interrogé soigneusement celle-ci, il fut surpris des lumières de son esprit et du don qu'elle avait reçu de Dieu pour s'exprimer avec une clarté et une onction surprenante. Il lui donna donc avec bien de la joie la permission d'instruire en particulier les personnes de son sexe, de répondre en public au catéchisme, et d'y expliquer les peintures de Maître Michel, quand elle en serait interrogée par un ecclésiastique.

« Dieu se servit d'elle depuis pour l'instruction d'un grand nombre de personnes du pays de Léon et surtout pour assister et consoler les malades et les mourants, ce qu'elle faisait avec une habileté et un dévouement sans bornes. Elle prit un soin particulier d'instruire et de soigner son ancienne maîtresse. Elle la gagna entièrement, et lui fit faire une sainte mort.

« Dieu montra combien le zèle de cette sainte fille était conforme à sa volonté sainte. Elle fut atteinte de la peste et réduite à la dernière extrémité. Dans ce prochain danger de mort, elle fit vœu de continuer à s'employer le reste de ses jours aux œuvres de zèle auxquelles elle s'était consacrée jusqu'alors. A l'instant même elle se trouva en parfaite santé.

XXV.

Maître Michel établit le P. Maunoir son successeur dans l'œuvre des missions.

Depuis bien des années Maître Michel savait par révélation que Dieu lui enverrait un digne successeur pour achever de régénérer la Basse-Bretagne. Il en avait parlé en public et en particulier maintes et maintes fois, avec des détails surprenants. Ainsi en 1613, il s'arrêta un jour au milieu d'une exhortation qu'il faisait à ses disciples assemblés, et il leur dit d'un ton inspiré : « Remercions Dieu de ce qu'il m'a donné un successeur. Il a sept ans ; il est du diocèse de Rennes, et sera Jésuite. »

A la fin de l'année 1630, se sentant accablé d'infirmités, il demandait à Dieu, par l'intercession de la sainte Vierge la grâce tant désirée d'avoir enfin ce successeur que Notre-Seigneur lui avait promis. Au milieu de sa prière, il entendit parfaitement cette réponse : « Celui que tu désires n'est pas loin. Tu le trouveras à Quimper ; c'est le plus jeune des Pères Jésuites qui professent au collége. »

Maitre Michel, plein de joie, était allé aussitôt trouver ce jeune religieux, qui enseignait la grammaire dans la plus basse classe du collége. Qui ne croirait que notre missionnaire dut parler au P. Maunoir (1) des desseins de Dieu sur lui, et le presser de s'y conformer ? Ce n'est pas ainsi qu'agissent les saints. L'esprit de foi de Maître Michel lui faisait comprendre que les promesses qu'il avait reçues de Dieu ne manqueraient point de se réaliser sans qu'il eût besoin d'employer des moyens humains pour en avancer l'exécution. Il ne dit donc rien de particulier au P. Maunoir ; et se contenta de se lier avec lui d'une sainte amitié, et de prier ensuite beaucoup pour lui.

(1) C'est le célèbre P. Julien Maunoir, l'Apôtre de la Bretagne au XVIIe siècle, dont nous avons publié une vie nouvelle (un grand in-18, 1869, chez Albanel, et Forest et Grimaud.) NN. SS. l'Archevêque de Rennes, et les évêques de Quimper, Vannes, Saint-Brieuc et Nantes, ont daigné approuver et recommander cette vie du grand missionnaire breton.

La sainte confiance de Maître Michel dans la Providence n'avait point été vaine. Dieu avait amené par des voies extraordinaires le P. Maunoir à se consacrer entièrement aux missions dans la Basse-Bretagne. Sans entrer ici dans le détail de ces événements, rappelons seulement ces deux faits surprenants : le P. Maunoir apprit la langue bretonne en huit jours; il fut atteint d'un mal inconnu aux médecins, mal qui le mit à l'extrémité et le fit regarder comme absolument perdu ; mais il se sentit alors inspiré de demander à Dieu sa guérison, en faisant le vœu de se consacrer entièrement aux missions de Basse-Bretagne, et il fut rendu à la vie. Il n'a jamais douté que sa guérison ne fût due aux prières de Maître Michel, qui, du reste, avait prédit cette maladie et l'issue qu'elle aurait.

Ce fut peu de temps après l'arrivée de Maître Michel au Conquet que le P. Maunoir fut envoyé par ses supérieurs au collége de Quimper pour se consacrer aux missions de ces contrées. Bientôt il reçut une lettre de Maître Michel. Ce saint missionnaire le conjurait de le venir trouver au Conquet, puisque ses infirmités et la défense qu'on lui avait faite de retourner dans le diocèse de Cornouailles ne lui permettaient pas d'aller à Quimper.

Le P. Maunoir s'empressa de venir près de son vénérable précurseur. Ce fut avec une vive émotion et des larmes de joie que Maître Michel embrassa son «fils spirituel». Après lui avoir fait sa confession générale, il le surprit fort en lui ouvrant un livre de théologie composé par lui-même, et lui faisant lire la décision d'un cas de conscience qui préoccupait fort le P. Maunoir, et dont pourtant il n'avait pas dit un mot à son ami. Mais ce Père fut encore bien surpris en entendant le saint lui expliquer en grand détail tous les secrets de sa conscience, ses pensées et ses inclinations les plus cachées.

Puis le vénérable missionnaire investit son successeur de la charge d'apôtre des Bretons, que lui-même, on n'en peut douter, avait reçue du Ciel. Il lui remit, en lui en expliquant l'usage, ses tableaux symboliques et leurs explications, ces peintures qui avaient été pour lui « autant d'hameçons avec lesquels il avait attiré à Dieu tant de milliers d'âmes. » Il l'initia à toutes ses pieuses industries de zèle, et lui donna ses cantiques spirituels, contenant l'abrégé de la doctrine chrétienne, cantiques qui avaient instruit et édifié tant de personnes.

Puis il lui communiqua sa vertu des miracles, en lui donnant ce *petit grain bénit* avec lequel il avait fait tant de prodiges, et sa petite croix, avec laquelle il chassait les démons. Il lui remit encore sa petite cloche avec laquelle il appelait les enfants au catéchisme, et enfin son bâton d'apôtre, avec lequel il avait parcouru en tous sens, pour l'évangéliser, toute la Basse-Bretagne « sans y avoir oublié une seule île, un seul rocher, un seul village, un seul hameau, une seule lande même. »

Enfin, Maître Michel établit publiquement dans l'église du Conquet le P. Maunoir comme son successeur dans les missions. Il le fit prêcher, catéchiser et confesser, et le conduisit chez tous les pauvres et les malades de la ville, pour les assister et les consoler.

On pense bien que l'infatigable apôtre de la doctrine du mépris du monde insista particulièrement près du P. Maunoir pour qu'il prêchât toujours contre les maximes pernicieuses des mondains. Il l'assura que, pourvu qu'il eût ce but dans tous ses discours, Dieu ferait de grands fruits par son entremise.

On sait que le P. Maunoir, de sainte et glorieuse mémoire, acheva la régénération parfaite de toute la Basse-Bretagne, qui lui doit après Dieu le bienfait de cette foi vivace qui l'a distinguée depuis cette rénovation. Mais les peuples n'ont point oublié que Maître Michel Le Nobletz a eu l'honneur de commencer cette grande œuvre, et d'initier son saint successeur à toutes ces pieuses industries qui contribuèrent tant à convertir et sanctifier la Basse-Bretagne.

Pendant les douze années que vécut encore Maître Michel, il n'est point de soins et de services qu'il n'ait rendus au P. Maunoir avec toute la tendresse que la meilleure mère du monde eût pu avoir pour l'enfant le plus chéri. Sans cesse il lui donnait les avis les plus sages et lui offrait une grande quantité d'objets de piété et d'autres choses utiles dans les missions. Souvent le P. Maunoir venait consulter son saint ami. On a vu plusieurs fois Maître Michel faire des préparatifs pour le recevoir, avant qu'il eût pu savoir par des moyens humains que le P. Maunoir venait le visiter. Ainsi une nuit le vénérable vieillard alla convoquer subitement ses disciples en leur disant: « Voici l'ami de Dieu; allons au devant de lui. » Puis ils se rendirent tous ensemble sur le port pour recevoir les Pères Maunoir et Bernard, qui arrivaient de l'île de Sein, qu'ils ne devaient pas quitter ce jour-là. Mais un vent favorable s'étant élevé tout-à-coup, ils avaient avancé leur départ pour en profiter; circonstance que ne pouvait connaître Maître Michel, sans une révélation divine.

Ce fut encore Maître Michel qui détermina le P. Bernard à se dévouer avec le P. Maunoir aux missions de Basse-Bretagne. Pendant quinze années, ce saint vieillard seconda le P. Maunoir avec un zèle, un dévouement et un succès vraiment merveilleux. Sa vie et sa mort ne sont qu'une suite de miracles et d'actes de vertu héroïques bien dignes de figurer auprès de ceux de nos deux grands apôtres bretons, Maître Michel et le P. Maunoir.

Notre vénérable missionnaire eût bien désiré partager les travaux apostoliques du P. Maunoir et du P. Bernard; mais ses infirmités ne lui permettaient pas même, à son grand regret, d'offrir le saint sacrifice de la messe. Il avait des fluxions continuelles sur les yeux, ses mains éprouvaient un tremblement très-fort, et des maladies fréquentes venaient encore augmenter sa faiblesse habituelle. Il était obligé de se contenter d'aider son successeur dans les missions par ses prières, ses bons conseils, et des envois d'objets pieux et de cantiques spirituels qui aidaient puissamment les gens même les plus bornés à connaître et pratiquer notre sainte religion.

Le P. Maunoir suivait avec un grand respect tous les avis que lui donnait Maître Michel. Il remarquait que sa déférence à suivre les conseils du saint homme attirait toujours sur ses travaux des bénédictions extraordinaires.

« De sorte que toutes les diverses persécutions qu'on suscita contre lui et le P. Bernard, et toutes les calomnies qu'employait continuellement l'esprit de mensonge pour décrier les saintes industries que l'homme de Dieu leur avait suggérées, n'empêchèrent pas que ces Pères ne fussent demandés de tous côtés dans six grands diocèses par des prélats zélés pour l'instruction de leurs peuples; que plusieurs ecclésiastiques ne se joignissent à eux pour les seconder dans leurs immenses travaux; que les villages où ils allaient faire mission ne devinssent fréquentés par une aussi grande quantité de personnes qu'il y en a dans les grandes villes fort peuplées; qu'ils ne fussent obligés partout de prêcher dans les places publiques, ou au milieu de la campagne, aucune église n'étant assez vaste pour contenir tous leurs auditeurs; et que près de quatre cent mille âmes n'eussent l'obligation au saint vieillard, avant sa mort, de ce qu'elles avaient été mises, par les instructions de ses successeurs, dans les voies du salut, et plus de vingt mille de ce qu'elles avaient quitté une vie scandaleuse et déréglée pour en embrasser une sainte et digne de véritables chrétiens. »

Maître Michel avait prié le P. Maunoir de commencer ses courses apostoliques par les lieux pour lesquels Dieu lui avait donné une tendresse particulière, afin, disait-il humblement, que le Père réparât au plus tôt ses fautes dans les endroits où il croyait en avoir commis un plus grand nombre, parce qu'il y avait demeuré plus longtemps.

Pour obéir au serviteur de Dieu, le P. Maunoir commença ses missions par Douarnenez. Il trouva un peuple si bien préparé par son prédécesseur, qu'il produisit des fruits abondants de salut. Il alla ensuite évangéliser les îles d'Ouessant et de Molènes. Ce fut pendant cette mission que la Providence ménagea à Maître Michel une belle occasion de contenter sa soif insatiable pour les humiliations, et de montrer l'humilité prodigieuse à laquelle il était parvenu.

Après la mission du P. Maunoir à Douarnenez, un grand nombre d'habitants de cette ville passèrent au Conquet sur leurs barques, tant pour avoir la consolation de revoir leur cher directeur, Maître Michel, que pour assister à la mission qu'y devait donner le P. Maunoir. Mais ils ne trouvèrent point au Conquet ce Père jésuite, Mgr Cupif l'ayant envoyé évangéliser les îles d'Ouessant et de Molènes.

Ces bonnes gens demeurèrent quelque temps au Conquet pour voir leur apôtre bien-aimé et pour apprendre aux parents et aux amis qu'ils avaient dans cette ville les cantiques spirituels qu'ils venaient d'apprendre eux-mêmes des Pères Maunoir et Bernard.

« Les maisons n'étant pas assez grandes pour contenir tous ceux qui voulaient les écouter, il y en eut quelques-uns qui allèrent dans la place publique pour chanter près d'une croix, et qui se trouvèrent aussitôt environnés d'une grande multitude de personnes de tout âge.

« Le saint vieillard, ravi de voir que les plus stupides apprenaient par cette industrie avec une facilité merveilleuse tout ce qu'il faut croire de nos mystères, et étaient bien plus touchés et plus portés à se convertir par ce chant que par les discours les plus forts des prédicateurs. Maître Michel, disons-nous, ne se contentait pas d'y inviter tout le monde, mais il se trouvait lui-même auprès de la croix, et prenait un singulier plaisir à mêler sa voix dans cette dévote harmonie. Ce zèle fut l'occasion des nouvelles accusations qu'on suscita contre cet ardent amateur de la croix du Sauveur, qui s'affligeait et craignait de moins plaire à Dieu, parce que les persécutions lui manquaint depuis quelque temps.

« Ce sujet d'affliction cessa bientôt. L'évêque ayant fait en ce temps-là sa visite au Conquet, il se trouva deux ou trois envieux de la sainteté de Maître Michel, qui l'accusèrent publiquement devant Mgr Cupif, d'avoir fait passer la mer à des jeunes gens d'un autre diocèse pour chanter dans les rues des chansons mauvaises et dangereuses ; d'avoir paru dans une place publique contre la gravité de son âge et la dignité de son caractère, présidant aux assemblées de ces chanteurs de carrefour ; d'avoir amusé le peuple par des spectacles nouveaux et par des peintures qui étaient si peu dévotes qu'il les faisait expliquer par des femmes, etc..., etc...

« L'humble serviteur de Jésus-Christ garda en cette occasion le même silence que Notre-Seigneur lorsqu'il fut accusé ; et l'Evêque le pressant de dire si ce dont on l'accusait était vrai, il se contenta de répondre qu'il était un méchant prêtre, très-indigne de cette sainte profession, et qu'il méritait bien qu'on lui en interdît toutes les fonctions. De sorte que le prélat le jugeant sur son propre témoignage, lui fit publiquement des réprimandes fort sévères, et l'exhorta avec beaucoup de charité à se corriger des fautes dont on l'accusait.

« Cependant ayant voulu voir ces peintures qui faisaient un des chefs de l'accusation, il les approuva fort et les jugea très-propres à instruire les ignorants. Mais ne pouvant s'instruire par lui-même de ce que contenaient les chansons bretonnes, parce qu'il n'entendait pas encore cette langue, il crut légèrement ceux qui les accusaient et défendit expressément de chanter ces cantiques spirituels, et enjoignit à tous ceux qui logeaient quelques-uns de ces chantres de Douarnenez, de les renvoyer aussitôt dans leur diocèse.

Avec sa patience et sa charité ordinaires, Maître Michel ne put souffrir qu'on se plaignît de ses accusateurs, ni qu'on accusât devant lui leurs intentions haineuses et jalouses. Remarquons, en passant, que nous devrions toujours ainsi réserver les intentions de ceux qui nous nuisent en quoi que ce soit ; Dieu seul s'est établi le juge des cœurs.

Notre saint missionnaire dit à un de ses disciples qui se plaignait de ses deux calomniateurs : « Laissons le jugement de leur conduite à la justice de Dieu. Il leur fera avant la fin de l'année rendre compte de leur procédé. » — « Mais, reprit son interlocuteur, si vous avez gardé le silence sur les accusations qui vous regardaient personnellement, vous auriez au moins pu dire quelque chose pour la défense de vos disciples. » — « Si je vous avais excusés, répondit le saint homme, Dieu ne se serait pas chargé lui-même de votre défense. Il le fera par des voies admirables de sa sagesse. Demain, nous aurons des nouvelles qui vous empêcheront de vous repentir de votre patience. »

Ces deux prédictions se réalisèrent. Les deux malheureux accusateurs de l'homme de Dieu allèrent avant l'année expirée rendre compte de leurs calomnies devant le tribunal de Dieu ; et le lendemain, comme l'avait dit Maître Michel, la Providence se chargea de le justifier. Voici comment la chose arriva.

On vit débarquer un millier de personnes arrivant de l'île d'Ouessant qu'évangélisaient les Pères Maunoir et Bernard. Tout ce monde venait pour recevoir le sacrement de confirmation de Mgr Cupif. Ces bons insulaires avaient fait retentir la mer du chant des cantiques spirituels que les missionnaires venaient de leur apprendre, d'après le conseil de Maître Michel. Aussitôt débarqués au Conquet, ils s'avancèrent processionnellement sur deux rangs en continuant de chanter de tout leur cœur les cantiques proscrits la veille sans qu'ils le sussent.

Ces pieux chrétiens furent fort étonnés d'entendre dire que leurs cantiques étaient défendus ; ils ne purent croire que des chants si édifiants pussent déplaire à leur Prélat. Les mauvais traitements dont on les menaça ne firent que les exciter à chanter plus fort. Ils étaient heureux de souffrir pour une si bonne cause, et de trouver sitôt une occasion de pratiquer l'amour de la croix qu'on venait de leur prêcher. On entendit une femme s'écrier avec énergie : « Nous ne chantons que la doctrine de Jésus-Christ ! qu'on nous crucifie comme on l'a crucifié, et nous chanterons encore sur la croix. »

A ce moment, survint un prêtre qui savait le breton. Il se fit chanter ces cantiques qu'on avait représentés comme impudiques et scandaleux, et reconnut facilement qu'ils ne contenaient que les prières de l'Eglise et des instructions très-orthodoxes. Il alla aussitôt détromper Mgr Cupif, et il lui fit comprendre les grands résultats qu'on pouvait obtenir parmi le peuple par ce moyen ingénieux, déjà employé avec grand succès par saint Vincent Ferrier, saint François-Xavier et par d'autres apôtres des peuples.

« Aussitôt que le bon prélat fut détrompé, il fit monter en chaire une personne constituée en dignité ecclésiastique, qui, en sa présence et de sa part, dit au peuple qu'on l'avait mal informé de la conduite de Maître Michel et de ce qui était contenu dans les cantiques spirituels ; qu'il reconnaissait que ce bon vieillard était un homme de sainte vie, et fort utile au salut des peuples ; et qu'il lui donnait sa bénédiction pour continuer de les instruire et de les assister, ainsi qu'à tous ceux qui apprendraient et chanteraient ces pieux cantiques.

Ce fut ainsi que la divine Providence justifia toute seule son confiant serviteur.

Ah ! que ce trait devrait un peu nous guérir de cette présomption qui nous fait perdre la paix et nous agiter sans cesse pour éviter un blâme, nous disculper d'une accusation ou obtenir quelque avantage temporel! Que désormais notre devise soit : Paix et confiance!

XXVI

Dernière maladie de Maître Michel. Comment il se prépare à la mort.

« Il y avait plus de soixante ans que Maître Michel se préparait à la mort, ne considérant tout le cours de sa vie que comme une disposition à ce passage si terrible, ou plutôt comme une véritable mort, qui, le crucifiant au monde, lui donnait entrée dans les délices immenses et éternelles du royaume de Jésus-Christ. Mais, se sentant approcher du terme heureux par son grand âge, et Dieu lui ayant fait connaître le temps auquel il l'appellerait à lui, il prit des soins extraordinaires pour ménager utilement ce qui lui restait de vie pour la gloire de son Maître; et l'on put remarquer, en lui voyant redoubler sa ferveur, malgré sa vieillesse et ses infirmités, et s'attacher à ses exercices ordinaires de piété avec plus de force et d'activité qu'auparavant, qu'il n'y a point de vertu si consommée qui ne puisse recevoir de nouveaux accroissements.

« Ce fidèle serviteur de Dieu, par un sentiment merveilleux de tendresse pour la sainte enfance du Sauveur, et pour ses souffrances sur la croix, l'avait souvent prié de lui donner avant sa mort la faiblesse et les infirmités d'un enfant et les douleurs d'un crucifié, tout en lui conservant cependant toute son intelligence et tout son cœur, pour aimer et servir Dieu parfaitement jusqu'à la fin de sa vie. Il avait été assuré d'une manière surnaturelle, trois ans et demi avant de mour r, que Notre-Seigneur lui accordait toutes ses demandes; et il crut même devoir faire part de cette révélation à une pieuse personne, dont il dirigeait la conscience, à laquelle il dit dès lors avec précisioin le temps et les diverses circonstances de sa maladie et de sa mort.

« On commença à voir, trois ans après, cette prédiction s'accomplir. Ce fut vers la fête de l'archange Saint Michel, en 1651, que cet homme de Dieu, ayant été frappé tout-à-coup de paralysie, et étant tombé à terre au milieu de sa cha nbre, sans pouvoir se relever, il se trouva dans l'état qu'il avait souhaité.

« Cette maladie dura sept mois, durant lesquels il fut toujours traité, levé, couché et nourri comme un petit enfant, sans qu'il eût l'usage libre d'aucune partie de son corps. Ce fut surtout en cet état de souffrances qu'on vit cet homme apostolique prêcher comme de dessus la croix, encore mieux qu'il ne l'avait fait durant tout le cours de sa vie.

« Il avait déjà fait son testament et son adieu à ses chers disciples de Douarnenez, par une lettre dans laquelle il leur réitérait les plus importantes de ses instructions, surtout l'union et la charite fraternelles.

«Dans son testament et ses adieux à ses héritiers,

il leur disait qu'*il ne leur laissait que son néant et sa pauvreté, qui est la vraie richesse, quand on l'embrasse de bon cœur; espérant qu'ils en pourraient tirer plus de profit et de gain que s'il leur avait laissé quelque trésor d'or ou d'argent, connaissant bien que la possession de l'or et de l'argent et autres biens de ce monde sont les plus dangereux ennemis de notre salut.*

« Ce saint prêtre recevait quantité de visites de ses disciples et des pauvres dont il avait toujours été le père et le protecteur; il ne cessa durant toute cette longue maladie de catéchiser les enfants, de reprendre les vices et d'exhorter à la pratique des vertus, avec une grâce et une bénédiction du ciel toutes particulières. Il répétait à tous et à chacun, « qu'il ne lui restait qu'un seul conseil à leur donner, conseil qui contient la perfection de toute la loi et des prophètes, et qui les ferait reconnaître pour les véritables disciples du Fils de Dieu : Aimez ceux qui vous haïssent, et faites du bien à ceux qui vous font du mal, pour surpasser la vertu des païens et des hérétiques, qui n'aiment d'ordinaire que ceux qui les aiment, et qui ne font du bien qu'à ceux dont ils en reçoivent. »

« Plusieurs personnes de qualité ayant eu aussi le désir de voir un si rare exemple de patience, en furent merveilleusement édifiées. M. de Kerodern, l'aîné de ses neveux, l'ayant cru fort proche de sa mort, voulut avoir la consolation de recevoir auparavant ses derniers avis sur sa conduite. Mais le saint homme, auquel Dieu avait fait connaître avec précision sa dernière heure, renvoya son neveu, en l'assurant qu'il pourrait encore l'entretenir dans quelques mois ; et il le pria de revenir au commencement du mois de mai de la même année, qui était le temps auquel il espérait passer à une meilleure vie.

« Le marquis de Kergroadez l'ayant trouvé trop mal logé dans sa pauvre petite chambre, qui n'avait qu'environ dix pieds de long, le pria de souffrir qu'on le transportât dans son château, qui est voisin et l'un des plus magnifiques de Bretagne. Le saint homme reçut cette offre en souriant ; il demanda au marquis en plaisantant s'il voudrait lui donner beaucoup de retour dans cet échange ; puis il ajouta d'un ton sérieux : « Gardez, Monsieur, votre beau château ; mais je vous avertis que vous n'en jouirez pas longtemps ; avant peu il arrivera un moment où vous voudriez bien avoir changé ce riche palais contre une pauvre cellule semblable à la mienne. »

« La mort du marquis de Kergroadez arriva bientôt après, et fit voir l'accomplissement de cette prophétie.

« Ce patient imitateur de Jésus-Christ souffrant était altéré du désir de souffrir encore plus qu'il ne le faisait. Se trouvant alors au temps où l'Eglise célèbre avec des solennités particulières la mort douloureuse du Sauveur, il le pria instamment de lui donner encore plus de part à sa croix et à ses douleurs.

« Le démon, dont la rage contre lui était continuelle, lui fit souvent voir que sa prière avait été exaucée. Il fut par trois différentes fois chargé de coups de fouets par ce cruel ennemi, avec tant de fureur, que toutes les parties de son corps, depuis la tête jusqu'aux pieds, en demeuraient meurtries. Il fut surtout plus rudement maltraité la dernière fois, qui fut le jour du Vendredi-Saint; et si l'on avait remarqué aux deux premières fois que les marques des fouets imprimées sur sa chair avaient disparu entièrement le même jour, il les garda cette dernière fois jusqu'au jour glorieux de la Résurrection du Sauveur.

« Les marques de gros clous que l'esprit malin sembla en même temps vouloir lui enfoncer dans les mains, durèrent longtemps, et paraissaient encore distinctement après sa mort. Il avait, du reste, été souvent traité de cette même manière avant sa maladie ; et un de ses amis auquel il découvrit avec beaucoup de confiance sa conduite intérieure, ayant été étonné un jour de lui voir le dehors de la main fort meurtri, et lui en ayant demandé la cause, Maître Michel lui répondit avec sa douceur et sa gaieté ordinaire qu'il avait cette obligation *à son bon ami ;* c'est ainsi qu'il parlait en riant du démon, qui avait tâché diverses fois de lui percer ainsi la main.

« Afin que ses blessures fussent plus semblables à celles du Sauveur, il en reçut une grande au côté, environ un mois avant sa mort. Ce ne fut pas sans une rude attaque de l'ennemi du salut ; et le bruit qui se fit en même temps dans son lit ayant éveillé les personnes qui étaient dans sa chambre, et qui s'étaient laissé surprendre par le sommeil, on trouva le saint homme encore tout hors d'haleine de l'émotion que lui avait donnée ce combat cruel ; et l'on fut dans un extrême étonnement de voir à son côté cette plaie assez grande pour lui ôter la vie, si le souverain Médecin, qui avait permis qu'elle lui fût faite, n'eût aussi pris le soin de la guérir en peu de temps.

« Souvent le démon donna d'autres preuves de sa haine contre le saint prêtre durant sa maladie ; et quand il ne pouvait lui faire d'aussi cruels traitements, il tâchait au moins de lui nuire en mille autres manières différentes. Mais toutes ces persécutions du démon ne servirent qu'à embellir la couronne éternelle du patient amant de la croix.

« Dieu, qui n'abandonne jamais ses fidèles serviteurs, ne le privait pas de ses consolations célestes au milieu de ces peines. Le P. Quintin, qui était mort vingt ans auparavant, lui apparut ; et ce fervent religieux Dominicain, qui avait été le compagnon et l'imitateur infatigable de son zèle, l'invita aux délices immenses du ciel, où il était parvenu en suivant la direction et l'exemple de Maître Michel.

Pendant tout le cours de sa maladie, le saint missionnaire avait eu le bonheur de recevoir deux fois par semaine le Corps adorable du Sauveur. Puis, lorsqu'il jugea le moment venu de recevoir les derniers secours que notre sainte Mère l'Eglise a préparés à ses enfants arrivés au seuil de l'éternité, il voulut recevoir Notre-Seigneur en forme de viatique. Il se fit descendre de son lit, et, à genoux au milieu de sa chambre, il adora son Sauveur voilé dans la sainte hostie avec une humilité et un amour inexprimables. Puis il pria qu'on déposât le Saint-Sacrement près de lui sur une table qu'il avait fait préparer à cette intention. Ce fut alors qu'après avoir adoré de nouveau Notre-Seigneur avec une dévotion qui ravit tous les assistants, il révéla, comme nous l'avons raconté précédemment (chap. IV) les grandes faveurs qu'il avait reçues de la Sainte Vierge, lorsqu'il était étudiant à Agen. Il ajouta qu'il ne faisait cette déclaration que pour exciter les assistants à rendre grâce à Dieu pour lui et avec lui, et pour les porter à s'attacher plus étroitement à la doctrine qu'il leur avait enseignée pendant sa vie.

« Il reçut ensuite la sainte Eucharistie, et peu après l'Extrême-Onction, avec les sentiments de la piété la plus tendre, et en répondant toujours au prêtre qui lui administra ces sacrements.

« Il donna ordre ensuite qu'il y eût toujours quelqu'un qui veillât auprès de lui, et qu'on lui lût toutes les nuits la passion du Fils de Dieu, qu'il disait être propre à ôter aux plus malades tout sentiment de douleur, pour ne leur faire ressentir que celles de Jésus-Christ. C'était pour lui une consolation particulière d'entendre le récit des douleurs de Jésus-Christ dans cette langue bretonne dans laquelle il les avait prêchées toute sa vie. Il faisait interrompre de temps en temps cette pieuse lecture, pour méditer les mystères qu'elle lui rappelait, et pour faire les actes de toutes les vertus qui pouvaient l'unir davantage à son Dieu dès cette vie.

« Cinq semaines avant la mort de Maître Michel, il plut à la bonté divine de lui en révéler les particularités les plus précises ; de sorte que, considérant ce qui lui restait de vie comme un jour de salut, dont tous les moments lui étaient infiniment précieux, il fit venir une personne à qui il avait appris à assister les moribonds, et lui dit « qu'enfin son heure approchait ; que ses chaînes seraient bientôt rompues ; que son cher Maître avait pitié de lui, et que, sans avoir égard à ses péchés et à ses infidélités, il voulait le couronner bientôt de sa gloire ; *qu'il lui restait trois grandes peines à souffrir* : qu'il avait besoin d'être secouru, et qu'on lui suggérât dans ses agonies les pensées dont il avait coutume lui-même de fortifier les autres en pareille occasion, contre les suggestions et les attaques du démon.

« Il ajouta que les efforts de cet ennemi sont si grands dans ces derniers combats, qu'il n'y a personne qui ne soit dans un extrême danger d'y être vaincu, s'il ne se prépare soigneusement à correspondre aux grâces du ciel ; que chacun y est attaqué par son faible, et que parmi les différents artifices dont le diable se sert suivant les différentes dispositions du cœur des personnes qu'il attaque, ceux qu'il emploierait contre lui (Maître Michel) seraient de lui représenter ce qu'il avait tâché de faire pour la gloire de Dieu, dans le but de lui donner de l'orgueil ; que le diable lui suggérerait aussi des tentations, contre la foi. Pour l'aider à résister à ces tentations il pria qu'on lui répétât souvent, comme à un petit enfant, avec beaucoup de simplicité, ce qu'on doit croire des mystères de la Trinité et de l'Incarnation, et qu'on lui fît produire des actes de foi sur chaque article de notre croyance. Il demanda encore qu'on ne lui parlât jamais de ses bonnes œuvres, mais de ses péchés, des grâces que Dieu lui avait faites, de sa lâcheté à y correspondre, et de ses négligences à s'acquitter de son devoir dans les fonctions de son ministère sacré ; qu'on lui fît faire en même temps plusieurs actes de contrition ; qu'on lui présentât souvent à vénérer la croix, dans laquelle il avait mis son unique confiance ; qu'on lui suggérât plusieurs entretiens amoureux avec le Sauveur crucifié, et plusieurs actes d'espérance qu'il avait écrits pour s'en servir à assister les mourants. Il pria enfin qu'on le fît ressouvenir d'avoir recours à la sainte Vierge, sa bonne maîtresse, et à ses autres protecteurs.

« Il recommanda qu'on l'assistât de cette manière au moins une fois par jour pendant le temps qui lui restait à vivre ; et supplia qu'on le fît de demi-heure en demi-heure pendant sa dernière agonie. Il ajouta qu'il ne verrait personne les trois derniers jours de sa vie, et qu'il ne parlerait qu'à *son cher fils* (le P. Maunoir, son successeur dans l'œuvre des missions). Il voulait pendant ces trois jours fermer son âme aux images de toutes les choses visibles, pour unir toutes ses puissances intérieures à la contemplation et à l'amour du souverain bien. Enfin il prédit qu'il aurait le bonheur d'expirer lorsque tout le monde serait en prières pour lui.

« Il demanda en ce même temps des nouvelles d'une personne dont il avait été fort persécuté autrefois. Ayant appris qu'elle vivait encore, il se mit à prier Dieu pour elle avec beaucoup de tendresse, comme Jésus-Christ l'avait fait pour ses ennemis avant sa mort. Il arriva, du reste, que celui qui avait tant persécuté l'homme de Dieu rendit un éclatant témoignage aux vertus merveileuses du grand missionnaire, lui fit faire un service solennel avec une oraison funèbre des plus élogieuses; et, touché d'une extrême regret des mauvais traitements qu'il lui avait fait subir pendant sa vie, il voulut avoir de ses reliques et l'invoqua souvent dans une longue maladie dont il mourut peu d'années après le saint missionnaire.

XXVII

Mort de Maître Michel. Merveilles qui la précèdent et l'accompagnent.

Dieu avait illustré toute la vie de notre grand missionnaire par des miracles si nombreux et si éclatants, et son ardeur pour souffrir était si grande, que nous n'avons aucune peine à ajouter foi aux merveilles qui, d'après notre pieux historien, accompagnèrent l'agonie de Maître Michel, ou plutôt ses agonies, car il aurait souffert trois fois les angoisses terribles du dernier combat, et serait mort deux fois.

Sa première agonie dura cinq jours entiers pendant lesquels il parut lutter contre la mort avec des douleurs extrêmes. Puis il reprit quelques forces; l'appétit lui revint, et pendant quatre jours il éprouva un peu de mieux, de sorte qu'il put donner lui-même à un pauvre qui vint le voir une partie de ses vêtements, pendant que les personnes qui le gardaient étaient allées entendre la messe.

Sa seconde agonie dura cinq jours comme la première. Le supplice qu'éprouva pendant tout ce temps cet amant passionné de la croix fut un froid d'une intensité extrême qui martyrisait toutes les parties de son corps, comme s'il eût été revêtu d'une neige glacée. Puis tous les symptômes qui accompagnent et suivent la mort firent croire à n'en pas douter que le saint était passé à une vie meilleure. Il parut en effet rendre le dernier soupir, son corps demeura froid et immobible, sans pouls, sans respiration et sans aucun battement du cœur.

Tous les assistants pleuraient depuis une demi-heure la perte du saint missionnaire, lorsque, ô surprise! on le vit de nouveau respirer, parler, puis même manger et dormir comme auparavant. Plusieurs des témoins de ce fait extraordinaire pensèrent que le serviteur de Dieu, insatiable de souffrances, avait obtenu du souverain Maître de la vie et de la mort de revenir sur la terre pour glorifier encore Dieu par de nouvelles souffrances. Sainte Thérèse demandait à Notre-Seigneur de souffrir *ou* de mourir; notre saint aurait ainsi obtenu quelque chose de plus parfait: Souffrir *et* mourir, puis souffrir encore et mourir encore!

Ce qui confirma davantage toutes les personnes présentes dans la conviction que Maître Michel était mort véritablement, puis ressuscité pour souffrir encore et mourir de nouveau, ce fut ce qui se passa lorsque ces personnes lui demandèrent si réellement il n'était pas ressuscité pour pouvoir souffrir encore. Il refusa de répondre autrement que par un sourire. On savait que c'était ainsi qu'il avait l'habitude dè cacher par humilité les grâces extraordinaires qu'il ne pouvait nier.

Le P. Maunoir et le P. Bernard, aussitôt qu'ils apprirent la maladie de leur saint ami, voulurent avoir la consolation de le voir une dernière fois, et le remercier de tout ce qu'il avait fait pour les aider dans leurs missions bretonnes. Ils arrivèrent près du saint vieillard après sa seconde agonie. Son état fut pendant un certain nombre de jours un peu moins alarmant ; sa parole redevint un peu plus libre, et il put s'entretenir avec ces vaillants apôtres pendant un jour et deux nuits entières. Les Anges seuls pourraient nous redire les choses toutes celestes qui firent le sujet de la conversation de ces trois grands hommes. On sait seulement que Maître Michel parla à ses deux amis du ciel où il espérait bientôt arriver, puis de ses chères missions, auxquelles il avait consacré sa vie, et dont il voulut s'occuper jusqu'à la mort. Il insista de nouveau sur l'utilité de s'occuper surtout des pauvres gens de la campagne ; il recommanda aux Pères d'une manière particulière quelques paroisses pour lesquelles Dieu lui avait donné plus de tendresse, et il les pria de porter sa dernière bénédiction à ses chers enfants de Douarnenez.

Après avoir ainsi fait toutes ses recommandations aux PP. Maunoir et Bernard, Maître Michel voulut qu'ils retournassent continuer la mission qu'ils faisaient à dix lieues du Conquet, et qu'ils avaient quittée momentanément pour venir près de lui. Le

P. Maunoir obéit d'autant plus facilement qu'il était certain d'avoir le temps de revenir assister Maître Michel à la mort. Ce qui lui donnait cette assurance, c'était une prophétie que lui avait faite celui-ci quatre ans auparavant. Le P. Maunoir, sachant son ami atteint d'une maladie qui l'avait réduit à l'extrémité, voulut aller lui porter ses consolations. Mais Maître Michel lui fit dire : « Ne vous mettez pas en peine de venir me trouver ; je guérirai malgré l'opinion des médecins ; et j'aurai la consolation de vous avoir près de moi lorsque je passerai de cette vie à une meilleure. » Maître Michel avait en effet guéri comme il l'avait annoncé ; et la seconde partie de sa prophétie se réalisa également, comme nous allons le voir.

« Il eut encore, après le départ des deux Pères, un peu de temps de meilleure santé ; il l'utilisa pour donner quelques ordres relatifs à sa sépulture et aux prières qu'il demandait après sa mort. Il désira que son corps demeurât trois jours exposé dans une chapelle dédiée à saint Christophe, afin, disait-il, que ses frères les pauvres y vinssent en plus grand nombre prier Dieu pour le salut de son âme. Il voulut aussi qu'incontinent après son décès on invitât ses amis et ses plus chers disciples à aller à une autre chapelle dédiée à sa chère sainte Barbe, prier la sainte Mère de Dieu et ses autres patrons de présenter au Père éternel les trésors infinis des mérites de Jésus-Christ, pour le délivrer des flammes du purgatoire, s'il arrivait que cette prison des âmes prédestinées retardât la passion qu'il avait de s'unir à son Principe. Il ordonna que son corps fût porté dans l'église de Lochrist, et y fût inhumé au bas de la chapelle Saint-Tugean, au lieu où l'on enterrait les plus pauvres.

« Il recommanda encore à ses amis de combattre les coutumes du monde après sa mort, de ne porter aucun deuil de lui, mais plutôt de se servir de leurs habits de fête, et de remercier Dieu avec beaucoup de joie de ce qu'il lui avait plu de mettre fin à son exil.

« Il apparut cette même nuit fort distinctement à un homme qui était éveillé dans son lit, et, lui parlant d'une voix articulée, il l'exhorta à se confesser le lendemain, et à faire pénitence d'un péché qu'il avait toujours caché à ses confesseurs, et dans lequel il y a bien de l'apparence qu'il fût mort, sans cet avis miraculeux, que cet homme suivit avec beaucoup de soin et de reconnaissance pour une bonté si particulière de Dieu et du saint prêtre envers lui.

« On vit bientôt après Maître Michel entrer dans sa dernière agonie, qui était sans doute la troisième de ces grandes peines, auxquelles il s'était préparé d'après la connaissance prophétique qu'il en avait reçue. Cette agonie offrit ce trait de ressemblance avec celle de Notre-Seigneur au jardin des Oliviers, qu'on y vit le saint moribond répandre une sueur de sang et d'eau.

« Ce qu'il y endura fut fort différent de ce qu'il avait souffert dans ses deux agonies précédentes ; car il était brûlé en celle-ci d'une chaleur si extraordinaire que son corps était comme ardent à l'extérieur, sa peau s'en trouvait presque toute grillée, et s'attachait si fortement aux draps de son lit, qu'on ne pouvait l'en détacher sans lui faire souffrir une extrême douleur.

« Son unique sujet de plainte en cet état terrible, c'était de ce qu'il ne souffrait pas encore assez, et de ce qu'il ne pouvait pas ressentir les douleurs de tous les martyrs, pour témoigner à Jésus-Christ souffrant son amour et sa reconnaissance.

« Le second jour de cette agonie, il fit avertir le P. Maunoir, comme il le lui avait promis. Ce Père était alors éloigné du Conquet d'une grande journée de marche ; aussi tous ceux qui voyaient le saint missionnaire réduit à une telle extrémité ne croyaient pas que le P. Maunoir pût arriver à temps pour l'assister à la mort.

« Le jour suivant plusieurs personnes qui étaient auprès de son lit, et qui accouraient pour le voir expirer, le virent avec admiration ravi en extase deux heures entières, pendant lesquelles ses yeux furent toujours immobiles et fixés sur le même lieu ; et son visage parut si resplendissant, et son teint si frais et si vermeil, qu'il semblait déjà en possession des délices et de la joie du ciel. Tous les assistants furent transportés à la vue de ce consolant spectacle.

« Ce fut à ce moment que par bonheur il survint un peintre qui put esquisser le portrait du saint prêtre.

« Après qu'il fut revenu de cette extase, une personne dévote le conjura, au nom de Dieu, de dire ce qu'il avait contemplé, et quel avait été le sujet de cette joie si extraordinaire qui avait paru sur son visage. Il lui dit avec simplicité que sa chère Maîtresse, la sainte Vierge, qui l'avait autrefois consolé si à propos à Agen, avait eu la bonté de le venir consoler encore dans cette occasion.

« On lui vit ensuite fermer les yeux du corps, pour n'ouvrir presque plus que ceux de l'âme et demeurer dans une continuelle union avec Dieu. Il regarda néanmoins encore avec beaucoup de démonstrations de joie le P. Maunoir, qui arriva, contre l'espérance de tout le monde, assez tôt pour recevoir ses dernières paroles et pour lui fermer les yeux.

« Il voulut, aussitôt après l'arrivée de ce Père, l'entretenir des biens éternels et recevoir de lui une dernière absolution ; puis il passa la nuit suivante dans des entretiens continuels avec Dieu. Enfin, le lendemain, fête de la Translation du corps de saint Corentin, qu'il célébrait toujours avec une dévotion particulière, après s'être recommandé tendrement à cet apôtre de la Basse-Bretagne, il ranima toutes les forces de son esprit, qu'il avait tenu incessamment appliqué à la contemplation des choses divines pendant ces trois derniers jours, et se mit à faire un grand nombre d'actes d'union et de parfait amour de Dieu. Il baisait sans cesse tendrement son crucifix, entre les bras duquel il rendit l'âme, plein de confiance en la miséricorde de celui qu'il avait si fidèlement servi. Le jour de son décès fut le 5 mai de l'année 1652 ; Maître Michel était âgé de soixante-quinze ans ; il expira pendant que tout le monde était en prières pour lui, à la messe paroissiale, suivant ce qu'il avait prédit précédemment.

« Les personnes qui eurent soin de l'ensevelir assuraient que non-seulement son corps, mais aussi la paille sur laquelle il était mort, ses draps et tout ce qui l'avait touché à ses derniers instants, répandaient une odeur fort douce et fort agréable; un grand nombre de personnes eurent la curiosité de vérifier cette merveille et en confirmèrent la réalité. »

Nous avons voulu, autant que possible, laisser notre pieux auteur raconter dans son style simple, naïf et pieux, tous les détails de la mort de Maître Michel. Quelles réflexions pourraient trouver place auprès du simple récit d'une vie et d'une mort si grandes, si saintes, si divines ?

XXVIII

Obsèques du saint missionnaire. Les prodiges sans nombre qu'il a opérés pendant sa vie et après sa mort le font invoquer comme un saint par tout le monde.

Laissons encore la parole au P. Verjus.

« Le corps du saint prêtre fut porté après sa mort en la chapelle de Saint-Christophe, suivant ses ordres; et les dépositions d'un grand nombre de témoins assurent que lorsque les prières y furent faites à l'ordinaire pour le repos de son âme, en présence du corps, ils le considérèrent attentivement, et qu'ils crurent tous voir une couleur vermeille monter à son visage, et ses lèvres remuer sensiblement lorsqu'on vint à réciter les litanies de la Mère de Dieu, comme s'il eût répondu, et témoigné encore après sa mort sa piété envers sa divine protectrice.

« Les peuples accoururent de toutes parts en si grand nombre, qu'il fallut laisser les portes de cette église ouvertes deux jours entiers, pour contenter la dévotion de tous ceux qui allaient baiser les mains et les pieds de ce corps vierge, et qui y faisaient toucher leurs chapelets et leurs livres de dévotion qu'ils conservaient ensuite comme des reliques singulièrement précieuses.

« Il y eut bien des personnes qui attestèrent juridiquement qu'étant allées la nuit dans cette chapelle pour y honorer le corps du saint homme, elles avaient été fort surprises de la trouver remplie d'une clarté extraordinaire, quoiqu'il n'y eût aucun flambeau, aucune lampe, ni aucune chandelle allumée.

« Des femmes qui avaient admiré cette clarté n'admirèrent pas moins un concert de voix mélodieuses dont retentissait le bras de mer qui est au pied de cette chapelle; et de voir en l'air, au-dessus de cette même côte de la mer, un dais blanc et lumineux environné de flambeaux qui rendaient une grande lumière.

« Des marins de l'île d'Ouessant étant arrivés le lendemain matin au même lieu, donnèrent beaucoup de poids à la relation de ces femmes, en assurant qu'ils avaient été, la même nuit, poursuivis de fort près par un vaisseau de Dunkerque (alors à l'Espagne, en guerre avec la France), et qu'ils n'avaient été sauvés que par une grande lumière, qu'ils décrivirent de la même sorte que ces femmes l'avaient fait, et qu'ils assurèrent les avoir dérobés à la vue de ceux qui leur donnaient la chasse, en se mettant entre le navire de ces corsaires et le leur.

« Cette merveille fut encore confirmée par le témoignage d'un marchand de la même île, qui fut surpris, en passant au port du Conquet, par une si rude tempête, qu'il se préparait à la mort avec tous ses matelots, quand ils virent sortir de la chapelle où le corps du saint missionnaire était exposé, une lumière semblable à celle du soleil en plein midi, à la faveur de laquelle ils pouvaient travailler à réparer leur vaisseau qui était en mauvais état; et la tempête ayant cessé aussitôt, ils abordèrent à la côte d'où leur était venu leur salut; ils ne doutèrent point qu'ils ne le dussent à la puissante intercession du saint homme, à qui ils en rendirent mille actions de grâces dans la chapelle.

« Il y en eut qui reçurent de plus près des marques de la vertu que Dieu avait attachée à ce saint corps. Une jeune fille, qui était dans une maison de son père, appelée Le Prédic, près la ville de Saint-Mathieu, tombait depuis deux mois d'épilepsie accompagnée d'une fièvre maligne. On l'apporta à la chapelle de Saint-Cristophe; et ses mains ayant été mises sur le saint corps, elle se trouva délivrée de ces deux maladies, sans en avoir jamais eu depuis aucun ressentiment, comme en ont déposé juridiquement tous ceux l'ont qui connue et les témoins du miracle.

« Le missionnaire apostolique avait pris un soin

particulier, avant sa dernière maladie, de visiter souvent, de consoler et d'instruire une autre petite fille âgée d'environ douze ans, qui était devenue muette et paralytique. Il lui avait même par sa prière délié subitement la langue, un jour qu'il reconnut en elle un ardent désir de faire quelques oraisons vocales.

« Peu de mois après qu'elle eut ainsi recouvré la parole, sans guérir de sa paralysie, elle perdit entièrement la vue, et son corps s'affaiblit de telle sorte qu'elle tombait régulièrement tous les jours en pâmoison. Mais le saint homme continua après sa mort de lui donner de grandes marques de sa protection, et il le fit surtout dans un besoin pressant qu'elle eut de son secours, quatorze heures après qu'il eut expiré.

« Cette fille étant alors furieusement tentée par le démon, dans les souffrances de sa maladie, de se laisser emporter jusqu'au blasphème et au désespoir, il la fortifia intelligiblement par ses conseils, comme il avait coutume de faire pendant sa vie, et il lui enseigna des moyens de chasser l'ennemi du salut en pareilles rencontres.

« Le lendemain, elle raconta à son confesseur et à sa mère tout ce qu'elle avait entendu dire au saint. Sa mère l'ayant aussitôt portée à la chapelle de Saint-Christophe l'avertit qu'elle était tout près des pieds de son bon maître. La pauvre fille aveugle les baisa avec beaucoup de confiance, elle fut aussitôt guérie de sa cécité ; le lendemain elle commença à marcher, et se trouva ainsi guérie en peu de temps de toutes ses infirmités.

« Cette jeune fille n'est pas la seule personne que

le saint homme ait délivrée depuis sa mort des attaques les plus dangereuses du démon. On a les dépositions de plusieurs autres auxquels il s'est présenté environné de lumière, pour les tirer des dernières abominations, que les esprits de ténèbres tâchaient de leur faire commettre, ou dans lesquelles ils les avaient déjà engagés ; de sorte qu'il semble que, comme on pouvait l'appeler l'apôtre des personnes séduites par le démon, dont il avait converti un très-grand nombre pendant sa vie, Dieu voulut encore faire ressentir après sa mort, plus souvent et d'une manière plus merveilleuse, son assistance à ceux qui étaient près de tomber dans de pareils malheurs, et de contracter des engagements funestes avec l'ennemi du genre humain.

« Après que le corps du serviteur de Dieu eût été exposé trois jours dans la chapelle de Saint-Christophe, il fut porté à Lochrist pour y être inhumé au lieu que son humilité lui avait fait choisir.

« Son convoi ne fut pas comme celui d'un particulier, mais comme celui du père des peuples et de la patrie. Il semblait une procession générale, où chacun se croyait obligé d'assister. Ce ne furent pas les pauvres seuls et les affligés qui l'honorèrent en cette occasion comme leur protecteur et leur consolateur ; mais toutes sortes de personnes de toutes conditions suivaient ce saint corps en foule, et il y avait entre autres plus de deux cents personnes de qualité qui voulurent y signaler leur reconnaissance et leur piété.

« Le P. Maunoir fit son oraison funèbre, et persuada d'autant plus aisément cette nombreuse assemblée de ses vertus héroïques, qu'il ne rapporta aucune des merveilles de sa vie, dont il n'y eût plusieurs témoins présents, de sorte qu'il était difficile de juger si les larmes qu'ils versèrent tous en abondance venaient plutôt de leur affliction d'avoir perdu sur la terre un si sage directeur, que de la joie d'avoir acquis un si puissant protecteur au ciel.

« Son corps ne fut pas confondu avec ceux des plus pauvres du peuple, comme il l'avait désiré, mais il fut enterré dans le tombeau de la noble famille du Halgouet qui avait des prééminences dans cette chapelle.

« Avant qu'il eût été couvert de terre, une dame de qualité, qui était travaillée d'une fièvre quarte depuis plusieurs mois, descendit dans la fosse ; et, embrassant la bière, elle conjura le saint homme, avec une foi et une ferveur très-grandes, d'obtenir de Dieu sa guérison. Sa prière fut aussitôt suivie de son effet ; elle sentit tout-à-coup en elle-même un mouvement qu'elle n'avait jamais éprouvé. Il lui sembla respirer un baume très-doux, et elle n'eut depuis aucune atteinte de fièvre.

« Celui qui devait combler la fosse demeura au même lieu à jeun jusqu'au soir, ne pouvant quitter le corps du saint homme, qui répandait une odeur si suave et si pénétrante, qu'il n'avait jamais senti rien de si délicieux. Plusieurs personnes qui ont depuis fréquenté ce tombeau, où il s'est fait et où il se fait encore tous les jours un grand nombre de miracles, ont senti de pareilles odeurs, dont ils ne pouvaient assez admirer la douceur et le plaisir qu'ils en recevaient ; et il s'en est même trouvé qui, sans savoir le chemin de ce tombeau vénéré, y ont été conduits par cet air embaumé qu'ils respiraient plus sensiblement à mesure qu'ils en approchaient davantage.»

On éleva en ce lieu un tombeau au saint missionnaire. Ce monument, placé au milieu de l'église, était surmonté de sa statue qui le représentait à genoux et revêtu de son costume sacerdotal. La Révolution, qui respecta si peu de choses saintes, n'osa toucher le tombeau du grand apôtre de la Basse-Bretagne.

Le 5 décembre 1855 eut lieu l'ouverture du tombeau, lorsqu'il fut question de démolir l'église de Lochrist pour la transférer au Conquet. Les reliques du serviteur de Dieu furent transportées en grande pompe à l'église paroissiale du Conquet, où l'on voit maintenant le tombeau du grand thaumaturge.

« Le lieu de la sépulture de Maître Michel est devenu aussitôt après sa mort aussi glorieux que les sépulcres des plus grands saints de l'Eglise, malgré le soin qu'il avait pris en mourant d'y rechercher l'humilité et l'obscurité. Mais ce n'est pas là le seul endroit où se portent des foules de pèlerins jaloux d'invoquer la puissante intercession de Maître Michel, ou de le remercier de faveurs précédemment obtenues. »

On a converti de temps immémorial en chapelle la petite maison *aussi pauvre que l'avait été l'estable de Bethléem*, que le saint homme a habitée pendant dix ans au Conquet, et dans laquelle il avait rendu sa grande âme à Dieu. On voit encore actuellement, attenant à cette chapelle le petit jardin carré qui servait au serviteur de Dieu.

« Cependant la bonté divine a semblé prendre plaisir à honorer d'une manière particulière, par un plus grand nombre de miracles, le lieu de sa solitude de Tremenach, où il avait fait une retraite d'un an pour se disposer aux missions. Sa pauvre petite cabane a été convertie en une chapelle, sous le vocable de Saint Michel, le glorieux patron de notre cher saint.

La maison qu'a habitée Maître Michel à Douarnenez n'est pas devenue moins célèbre, et elle a aussi été convertie en une chapelle dédiée à Saint Michel archange. Voici le miracle éclatant qui décida Mgr du Louet, évêque de Cornouailles, à bâtir cette chapelle.

Ce pieux et zélé prélat mettait le soin le plus assidu à visiter tout son diocèse, quoique son extrême vieillesse lui rendît fort pénibles ces courses apostoliques. Mais depuis huit mois ses jambes lui refusaient tout service; il ne pouvait plus ni plier les genoux, ni se tenir debout, tant ses pieds étaient malades. Désolé de ne pouvoir plus remplir toutes ses fonctions pastorales, Mgr du Louet se sentit inspiré d'avoir recours à la puissante intercession du saint missionnaire. Lui-même avait fait constater juridiquement plusieurs miracles opérés par le serviteur de Dieu depuis sa mort. Ne doutant donc point de sa sainteté, il se fit porter, le 30 septembre 1663, dans la chambre qu'avait habitée si longtemps Maître Michel à Douarnenez.

Il pria avec une grande ferveur et une grande confiance, demandant sa guérison par l'entremise de l'homme de Dieu. Sa pieuse prière fut exaucée à l'instant. Il put marcher sans aucune gêne, si bien qu'il put s'agenouiller longtemps, dire la messe, visiter son diocèse, conférer les ordres, et faire toutes les autres fonctions de son laborieux ministère.

Ce fut pour témoigner sa reconnaissance envers le saint missionnaire que Mgr du Louet, aidé par une multitude de personnes de tout âge et de toute condition, éleva à Douarnenez cette chapelle où l'on honore toujours le saint prêtre.

La nouvelle de la guérison miraculeuse du vénéré prélat fut bientôt répandue dans toute la Basse-Bretagne, et augmenta partout la confiance qu'on y avait en l'intercession de notre saint prêtre....

Le P. Verjus a tiré des enquêtes juridiques qui furent alors dressées avec grand soin, le récit d'un très-grand nombre de miracles, comme résurrections de morts, guérisons subites de fièvres rebelles, de ruptures de membres, de possessions diaboliques etc.., etc... Ce que nous avons dit dans le cours de ce travail suffit pour donner une idée des merveilles sans nombre que Dieu accordait avec une si étonnante profusion aux prières de son saint serviteur. Nous avons mieux aimé insister davantage sur les vertus de ce grand chrétien plutôt que sur ses miracles, par la raison que nous devons principalement nous proposer pour but, en lisant la vie des saints, l'étude et l'imitation des vertus dont ils nous offrent un modèle si parfait, modèle que nous n'atteindrons sans doute pas, mais que nous devons essayer de suivre de loin, dans la mesure des grâces que nous destine la Providence paternelle de Dieu.

Puissiez-vous, cher lecteur, retirer quelque profit de la méditation de ces pages. A défaut de talent, vous y trouverez un ardent désir d'être utile à votre âme. Je vous demande en retour une prière. Prions aussi Notre-Seigneur pour que le procès de béatification du grand apôtre de la Basse-Bretagne ait une prompte et heureuse issue. Puisse bientôt la voix infaillible du Vicaire de Jésus-Christ nous autoriser à rendre un culte public à cet héroïque conquérant des âmes, dont la voix populaire proclame depuis si longtemps la sainteté....

Ce matin, l'Eglise célébrait la fête de saint Jean-de-la-Croix. Nous récitions avec le prêtre cette belle oraison que notre sainte Mère l'Eglise romaine met dans la bouche de ses enfants: « O Dieu, qui avez inspiré au bienheureux Jean, votre confesseur, une si entière abnégation de lui-même, et un si grand amour pour la Croix, accordez-nous la grâce de nous attacher si constamment à l'imitation de ses vertus, que nous obtenions de partager avec lui la gloire éternelle. Par N. S...... »

Notre cœur, tout plein du souvenir des vertus de notre bien-aimé missionnaire breton, dont nous terminons aujourd'hui même la vie, vertus qui ont un rapport si frappant avec celles du grand amant de la croix que nous fêtions, notre cœur fut doucement ému en récitant cette oraison, qui convient si parfaitement à notre cher missionnaire, et nous ne pûmes nous défendre d'un vif espoir d'entendre bientôt l'Eglise nous inviter à invoquer aussi notre grand apôtre. J'espère que tous ceux qui auront lu ce récit de son admirable vie partageront notre désir, et en hâteront la réalisation par leurs ferventes prières.

FIN.

APPENDICE.

EXPLICATION D'UN DES TABLEAUX

DE M. LE NOBLETZ.

Où, sous la figure de la mer et de quelques vaisseaux, il représentait la vie de l'homme.

« On vous représente dans ce tableau la vie de l'homme, les dangers qu'il doit éviter et les vertus qu'il faut pratiquer pour arriver au port de la vie éternelle. Cette grande mer, sur laquelle tant de vaisseaux font voile, afin d'arriver au port, qui doit les introduire dans la terre de promission, où l'on rencontre un royaume de paix et de délices, n'est autre chose que la vie passagère et inconstante de ce monde. Ces navires portent des chrétiens vertueux, et sont chargés de précieuses marchandises, c'est-à-dire de la grâce sanctifiante, des dons du Saint-Esprit et des vertus infuses qu'on reçoit avec le baptême, aussi bien que les grands mérites acquis depuis par les bonnes œuvres. Le port et le royaume où ils tendent tous, c'est le séjour des bienheureux.

« Proche de ces riches vaisseaux, vous en voyez

d'autres qui ont été entièrement pillés, et il n'y est demeuré qu'un miroir et une ancre. Ces frégates ainsi en désordre sont celles des chrétiens qui ont perdu par le péché mortel la grâce du baptême ou la grâce sanctifiante, qu'ils avaient reçue par une véritable contrition et par le sacrement de la pénitence. Du moins leur est-ce un grand bonheur, dans ce malheur extrême, de n'avoir pas perdu la foi, qui est ce miroir où ils doivent considérer l'état pitoyable où ils sont réduits par leur faute, non plus que l'espérance, qui est l'ancre du salut.

« Jésus-Christ Notre Sauveur est le pilote qui conduit ce vaisseau. On ne peut, sans lui, ni partir, ni trouver la véritable route, ni avancer, ni même subsister selon la grâce, ni selon la nature, puisqu'il est, comme il le dit lui-même, l'unique chemin, la vérité, la vie ; et tous les hommes ni toutes les créatures ne peuvent faire aucune chose que par son secours.

« Hélas ! que les quatre autres misérables navires que vous voyez errer çà et là et prendre un chemin contraire aux premiers, sont à plaindre !

« L'un est celui des païens, qui ne veulent pas reconnaître et adorer un seul Dieu. Le suivant est celui des Juifs, qui refusent de croire en Jésus-Christ. Le troisième est celui des hérétiques, qui ont abandonné la foi qu'ils avaient reçue au baptême. Et ces derniers sont les schismatiques, qui ne perdent leur route que faute de reconnaître le Pape et de vouloir accepter pour pilote celui que Jésus-Christ leur a donné pour tenir sa place au gouvernail du vaisseau.

« Admirez, en même temps que vous plaignez l'aveuglement de ceux-là, le zèle de ceux qui veulent les remettre dans le bon chemin. Ils leur crient sans cesse qu'ils prennent garde, qu'ils s'éloignent infiniment du port de la vie éternelle, puisqu'elle consiste à reconnaître un seul vrai Dieu et son Fils Jésus-Christ qu'il a envoyé pour sauver les hommes. Cette troupe généreuse d'ecclésiastiques et de religieux suit toujours ces pauvres égarés, sans les abandonner un seul moment, jusqu'à ce qu'ils les retirent du danger prochain, ou qu'ils les voient submergés. Ils présentent des esquifs et des planches à ceux qu'ils voient reconnaître enfin la vérité, et vouloir bien se servir des secours que ces hommes apostoliques leur fournissent. Vous en voyez quelques-uns qui, étant plus particulièrement éclairés du ciel, et se laissant persuader par ces savants nautoniers, entrent dans les deux premiers vaisseaux qui ont Jésus-Christ pour premier pilote, et par eux sont heureusement conduites au hâvre de grâce et de salut. Il y en a même qui, ayant commencé à faire naufrage, s'en sauvent par la pénitence, que les Saints Pères appellent la seconde planche après le naufrage. Mais, hélas! malheur à ceux qui choisissent le naufrage plutôt que le port, et qui aiment mieux demeurer dans les ténèbres que d'ouvrir les yeux à la lumière qui doit leur faire voir leurs funestes égarements !

« Mais hâtons-nous d'entrer dans les premiers vaisseaux qui mènent au port du salut, puisqu'il faut ménager le temps de s'y embarquer, et qu'il arrive souvent qu'après avoir négligé l'occasion d'y prendre place, on ne la recouvre jamais. Considérons-en, je vous prie, tout l'attirail, afin de voir si nous pouvons faire en sûreté notre voyage de cette vie passagère, et quels avantages nous en retirerons.

«Les deux principales parties de ce vaisseau sont la proue et la poupe où est attaché le gouvernail. L'une sert à fendre l'eau et à ouvrir le chemin au vaisseau, qui ne pourrait aller sans cela; et l'autre sert à le conduire dans la route qu'il doit tenir. Cette proue est la foi, qui est la première de toutes les vertus, sans laquelle il est impossible de plaire à Dieu, ni de faire aucune démarche utile dans la voie du salut; de sorte qu'il faut, comme dit saint Paul, que tout homme qui veut s'approcher de Dieu croie d'abord qu'il y a un Dieu qui lui donnera le prix de sa course et de ses travaux. C'est cette proue qui doit être à la tête de notre vaisseau, si nous ne voulons qu'il périsse, au lieu de faire une heureuse navigation. Pour le gouvernail, vous ne devez pas douter que ce ne soit l'obéissance, puisque, selon le proverbe breton :

Nep ne sent quet ouz ar stur
Ouz ar garrec e rai sur.
Qui n'obéit au nocher
Brise contre le rocher.

« Toute la conduite de cette vie consiste à obéir par pur amour à Dieu et à ceux qui tiennent sa place, soit pour le spirituel, soit pour le temporel, et à considérer dans leur autorité celle de Jésus-Christ même.

« Les trois grandes voiles que vous voyez sont les trois puissances de l'âme, qui nous servent à connaître et aimer Dieu ; et le vent qui les enfle et qui donne tout le mouvement au vaisseau, comme s'il en était l'âme, c'est la grâce, qui est une vie divine, qui remplit la mémoire du souvenir de Dieu, l'entendement de la pensée de ses perfections et de ses bienfaits, et la volonté d'un amour prompt et généreux qui porte toutes les autres puissances de l'âme et du corps, avec une légèreté et une largesse non pareilles au port de la grâce consommée et à celui de la gloire.

« Il serait impossible d'aborder au rivage où l'on a dessein d'aller, si on laissait les voiles pliées, sans les exposer aux vents nécessaires, ou si les vents favorables venaient à manquer entièrement. C'est ainsi que si les inspirations divines nous manquaient, il serait absolument impossible d'avancer ; et si le Saint-Esprit, nous favorisant de ses lumières et de ses divines impressions, nous laissions les puissances de l'âme et du corps dans l'oisiveté, sans correspondre à la grâce, il serait pareillement impossible que nous arrivassions au terme de notre voyage. De sorte que c'est le point le plus essentiel pour le salut de bien demander à Dieu sa grâce et d'y coopérer fidèlement.

« Le compas que tient le maître du navire, c'est la raison, qui doit conduire le vaisseau ; et la pureté d'intention qu'il faut avoir dans tous nos desseins et toutes nos actions, n'y recherchant uniquement que la gloire et le service de Dieu, est l'aiguille de la boussole, qui regarde toujours vers le nord, et fait juger aux mariniers de la route qu'ils doivent tenir.

« Levez les yeux vers le haut du mât, et considérez la hune où se met la sentinelle du vaisseau pour découvrir de loin les rochers, les changements de vents et les ennemis. Elle nous marque la précaution et la circonspection dont nous devons user en toutes nos actions, prévoyant les attaques des ennemis de notre perfection, les tentations et les adversités, et nous prémunissant de tout notre pouvoir pour n'en être pas surpris.

« Descendez ensuite au fond du vaiseau : vous y trouverez beaucoup de sable pour le lester et le rendre plus stable, en sorte qu'il ne puisse être renversé par la force des vents. C'est ainsi qu'il faut affermir le fond de son âme par l'humilité, par la crainte des jugements de Dieu et par une sage maturité, pour éviter le malheur d'une infinité de gens qui se sont perdus par leur présomption et par l'inconstance et la légèreté de leur esprit.

« Ne sentez-vous point les eaux infectes de la sentine qui vous font bondir le cœur ? Ne croyez pas que ce mal soit sans remède. Voici une pompe pour vider ces immondices ; c'est l'examen de la conscience, accompagné des actes de contrition que nous devons faire chaque jour avant de nous coucher, et qui purgent l'âme de ses péchés, de ses mauvaises habitudes, et de toutes ces ordures qui sont abominables devant Dieu et ses anges.

« A quoi servent ces canons, sinon à se défendre de ces pirates que vous voyez se cacher soigneusement derrière ce rocher? Ces pirates sont le monde et le diable, qui dressent à nos âmes de continuelles embûches. Il faut, pour soutenir leurs attaques et se garder de leurs surprises, des armes offensives et défensives, et nous n'en pouvons avoir de meilleures que la méditation, l'oraison et le jeûne. Nos canons sont les vertus contraires aux vices et aux démons qui veulent nous y engager.

« Mais arrêtons-nous un moment pour demander à ces autres mariniers d'où vient qu'ils demeurent les bras croisés, et qu'ayant plié leurs voiles, ils ne tâchent pas d'avancer davantage sur leur route ? Le contre-maître de ce vaisseau répond que lorqu'ils ont eu le vent en poupe, ils ont toujours cinglé en haute mer, et qu'ils en attendent un plus favorable que celui qui souffle présentement. « Mais, lui pouvons-nous dire, voilà d'autres vaisseaux devant le vôtre, qui, prenant le vent de biais, avancent toujours à la bouline. » — « N'importe, dit-il ; pour nous, nous ne voulons aller que le vent en poupe. »

«C'est de cette façon qu'il y a plusieurs chrétiens qui demeurent toute leur vie dans le dessein d'aller à leur fin, sans jamais y parvenir, faute de bien ménager le temps et les grâces que Dieu leur fait. Ils le servent seulement quand ils ont le vent en poupe et quand tout leur vient à souhait. Mais lorsque la prospérité, la joie, la consolation et l'abondance des grâces sensibles leur manquent, leur courage manque aussi, et ils refusent de rien faire pour avancer dans le chemin de la vertu et de l'éternité. Les voyageurs de la Jérusalem céleste feraient bien mieux d'imiter ces autres sages et adroits nautoniers qui, ménageant le peu de vent qu'ils ont, ne laissent pas d'aller toujours et d'avancer vers le port, où ils abordent enfin avec plus de gloire que s'ils eussent toujours eu le vent favorable.

« Mais il faut éviter d'échouer ou de briser le vaisseau au milieu de sa course. Prenons garde à cette file de rochers affreux qui nous menacent de notre ruine, surtout s'il y survient quelque tempête qui pousse notre navire avec impétuosité. Ces écueils sont les maximes du siècle et du pays, les mauvaises compagnies, les conseils et les maximes du monde, qu'il faut côtoyer avec beaucoup de soin si l'on veut éviter le naufrage d'une éternité malheureuse.

« Les tempêtes que nous craignons sont suscitées par douze vents furieux, qui sont les mauvaises pen sées, l'amour, la haine, la colère et les autres passions désordonnées. De même que quand les vents sont trop impétueux, il faut abaisser les voiles, jeter l'ancre et se mettre en prières ; il faut aussi, quand nos passions sont en déréglement, avoir recours à la prière et à une ferme confiance en la bonté de Dieu, accompagnée d'une humble défiance de nos propres forces.

« Enfin, après avoir heureusement échappé à ces dangers, nous avons maintenant le vent en poupe, et il nous en faut bien servir.

« Je découvre devant nous une île et un grand nombre de vaisseaux qui y veulent aborder, J'y vois aux environs des naufragés et des corps morts flottants. Voici un esquif qui vient au-devant de nous, où j'aperçois deux ecclésiastiques qui nous expliqueront toutes les particularités que nous ne voyons encore que confusément.

« Cette île, nous disent-ils, s'appelle l'île fortunée. De tous les navires qui tâchent d'y aborder, plusieurs n'y réussissent pas également bien. On entre dans l'île par trois différentes pointes, dont l'une est fort haute ; et ceux qui veulent descendre à terre par cet endroit, y rencontrent des corsaires, qui accrochent leurs vaisseaux et s'en rendent maîtres, s'ils ne trouvent une vigoureuse résistance. La seconde pointe est plus assurée, pourvu qu'on rame avec persévérance et qu'on aille contre vent et marée. La troisième pointe est plus basse, et si l'on ne prend son fil, comme pour arriver à la seconde, il y a un courant d'eau si rapide, qu'on n'arrive pas même à la troisième pointe de l'île.

« Le séjour des bienheureux, auquel nous aspirons, est cette île-fortunée. On peut y arriver par une pointe élevée, en observant les conseils de la plus haute perfection ; mais quelques-uns, voulant y aborder, entreprenant au delà de leurs forces, s'engagent sans vocation divine dans un état trop élevé, d'où les chutes auxquelles les diables, qui savent leur faiblesse, les attirent incessamment, ne peuvent être que très-grandes et très-funestes. Ceux qui tâchent d'entrer par la seconde pointe sont ceux qui aspirent à observer les conseils de l'Evangile, mais qui ne peuvent pas les garder tous fort exactement ; ils y manquent quelquefois par fragilité ; mais du moins ce dessein généreux qu'ils avaient de faire des œuvres de surérogation, fait qu'ils gardent les commandements de Dieu, et qu'ils se sauvent par la troisième pointe de l'île, qui est celle des commandements. Il y en a d'autres plus lâches, dont le monde est tout rempli, qui n'ont point de plus haute prétention que de garder les commandements de Dieu et de l'Eglise, lorsqu'on ne peut les transgresser sans commettre une offense mortelle. Quand un péché n'est pas fort énorme, ils ne font aucune difficulté de le commettre ; ils se contentent, pour tous exercices de piété, de s'approcher des sacrements à Pâques, et d'assister à la messe les fêtes et les dimanches, sans pratiquer aucune bonne œuvre de conseil. Ces pauvres gens ne prennent pas garde que le courant de notre nature corrompue étant rapide, comme il l'est, il faut toujours aspirer plus haut que le lieu où l'on doit arriver, et que la force des tentations ne nous fait que trop descendre au-dessous de nos prétentions. De sorte que tout homme qui veut se garder des chutes mortelles doit tâcher de se purger des péchés véniels ; et pour garder exactement ce qui est commandé, il faut nécessairement ne point négliger ce qui est seulement de conseil.

« Il faut de plus, pour approcher de cette île, aller de droit fil entre ces deux rochers, dont le passage est fort difficile. Tous ces corps morts sont des gens trop peu adroits qui y ont échoué. Il faut ainsi, pour arriver au ciel, passer entre deux écueils, qui sont la présomption et le désespoir. On ne peut les éviter sans guides, qui sont l'espérance et la crainte de Dieu. Ces deux guides se doivent toujours accompagner l'un de l'autre, et se perdraient eux-mêmes s'ils se séparaient. Nous arrivons enfin de cette façon à cette île délicieuse, au milieu de la mer pacifique de l'amour divin. Dieu nous en fasse la grâce! »

TABLE DES MATIÈRES

Rennes, imp. T HAUVESPRE, rue Impériale 4, et rue de Viarmes, 11

Machines mues par la vapeur

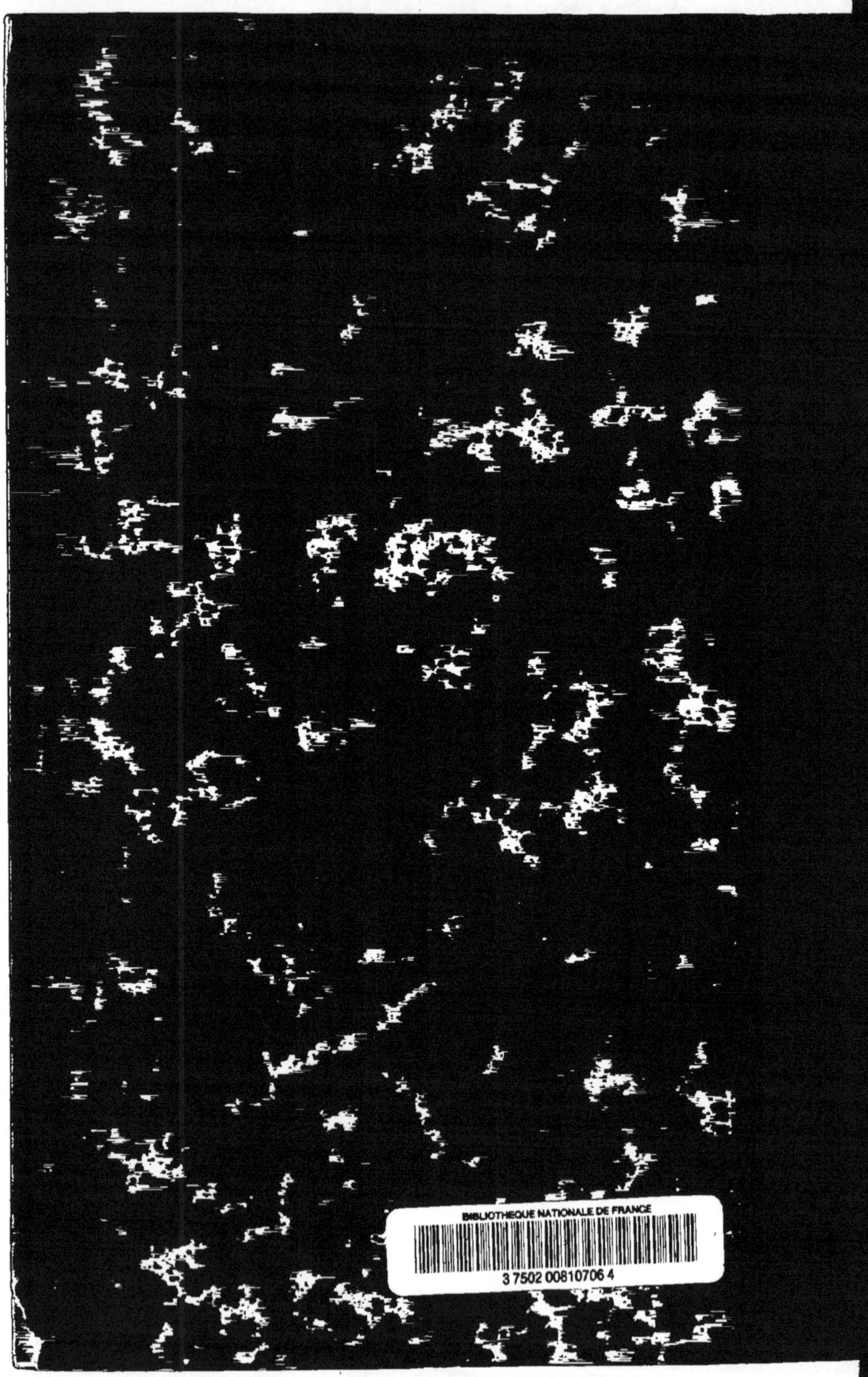
BIBLIOTHEQUE NATIONALE DE FRANCE
3 7502 00810706 4

www.ingramcontent.com/pod-product-compliance
Ingram Content Group UK Ltd.
Pitfield, Milton Keynes, MK11 3LW, UK
UKHW020205250726
13967UKWH00003B/1283